国家出版基金项目
NATIONAL PUBLICATION FOUNDATION

"十四五"时期国家重点图书
中国社会科学院马克思主义研究院学者文库

走进现实
马克思主义基本原理大众化

6

辛向阳　主编

继往开来

科学社会主义

孙应帅　著

山东人民出版社·济南
国家一级出版社 全国百佳图书出版单位

图书在版编目（CIP）数据

继往开来：科学社会主义 / 孙应帅著. -- 济南：山东人民
出版社，2023.12
（走进现实：马克思主义基本原理大众化 / 辛向阳主编）
ISBN 978-7-209-13736-2

Ⅰ.①继… Ⅱ.①孙… Ⅲ.①科学社会主义理论 Ⅳ.①D0-0

中国国家版本馆CIP数据核字（2023）第218924号

继往开来：科学社会主义
JIWANG KAILAI　KEXUE SHEHUI ZHUYI

孙应帅　著

主管单位　山东出版传媒股份有限公司
出版发行　山东人民出版社
出 版 人　胡长青
社　　址　济南市市中区舜耕路517号
邮　　编　250003
电　　话　总编室（0531）82098914
　　　　　市场部（0531）82098027
网　　址　http://www.sd-book.com.cn
印　　装　山东新华印务有限公司
经　　销　新华书店

规　　格　16开（169mm×239mm）
印　　张　14
字　　数　140千字
版　　次　2023年12月第1版
印　　次　2023年12月第1次
ISBN 978-7-209-13736-2
定　　价　59.00元
如有印装质量问题，请与出版社总编室联系调换。

总　序

党的十八大以来，习近平总书记数百次地强调坚持和发展马克思主义。2018年5月，在纪念马克思诞辰200周年大会上的讲话中，习近平总书记指出："马克思主义始终是我们党和国家的指导思想，是我们认识世界、把握规律、追求真理、改造世界的强大思想武器。"2021年7月，习近平总书记在庆祝中国共产党成立100周年大会上的讲话中强调，必须继续推进马克思主义中国化，坚持把马克思主义基本原理同中国具体实际相结合、同中华优秀传统文化相结合。2022年10月，习近平总书记在党的二十大报告中指出："只有把马克思主义基本原理同中国具体实际相结合、同中华优秀传统文化相结合，坚持运用辩证唯物主义和历史唯物主义，才能正确回答时代和实践提出的重大问题，才能始终保持马克思主义的蓬勃生机和旺盛活力。"我们要深入学习领会习近平总书记重要讲话精神，马克思主义不仅是我们党和国家的指导思想，也是我们认识世界、把握规律、追求真理、改造世界的强大思想武器。要充分发挥马克思主义的真理力量，就需要不断推进马克思主义中国化时代化，推进马克思主义理论大众化，从更深层次、更大范围内实现理论掌握群众和群众掌握理论，使人民群众学懂弄通并扎实践行习近平新时代中国特色社会主义思想，为实现中华民族伟大复兴提供行动指南。

马克思早在1843年《〈黑格尔法哲学批判〉导言》中就提出："理论一经掌握群众，也会变成物质力量。"列宁在1905年8月致阿·瓦·卢那察尔斯基的信中强调，为了通俗地叙述社会主义的任务，社会主义的实质和实现的条件，"写出一本有关这个题材的内容丰富又很通俗的读物是极端重要的"。他进一步于1917年5月《在彼得格勒党组织大会上关于俄国社会民主工党（布）第七次全国代表会议（四月代表会议）结果的报告》的提纲中提出："最马克思主义＝最通俗和朴实（转化）。"毛泽东同志在1942年5月的《在延安文艺座谈会上的讲话》中，提出了马克思主义"大众化"的要求，"就是我们的文艺工作者的思想感情和工农兵大众的思想感情打成一片。而要打成一片，就应当认真学习群众的语言。如果连群众的语言都有许多不懂，还讲什么文艺创造呢？"邓小平同志也曾于1992年春在武昌、深圳、珠海、上海等地的谈话中强调："马克思主义是很朴实的东西，很朴实的道理。""长篇的东西是少数搞专业的人读的，群众怎么读？要求都读大本子，那是形式主义的，办不到。"

2017年10月，习近平总书记在党的十九大报告中强调："必须推进马克思主义中国化时代化大众化，建设具有强大凝聚力和引领力的社会主义意识形态，使全体人民在理想信念、价值理念、道德观念上紧紧团结在一起。"从这些相关论述中可以看出，推进马克思主义中国化时代化大众化，要求我们学习、运用群众的语言，写出通俗、朴实的作品，以使马克思主义为人民群众所理解、掌握和运用。

马克思在研究纷繁复杂的资本问题时，恰是从人们最平常接触到的商品入手，"资本主义生产方式占统治地位的社会的财富，表现为'庞大的商品堆积'"。他从"商品"这个资本主义社会财富的"元素形式"出发，运用通俗易懂的示例和演算，逐步揭示了资本主义社会运行规律，指明了资本主义基本矛盾，使无产阶级越来越清醒地认识到自身的阶级状况和历史使命。因此，恩格斯在1886年11月5日为《资本论》写的英文版《序言》中，形容"《资本论》在大陆上常常被称为'工人阶级的圣经'"。列宁为了在人民群众中宣传普及马克思主义，十分重视报纸、传单等形式的运用。1913年7月波涛出版社成为俄国社会民主工党中央委员会的出版社后，遵照中央的指示，重点出版了列宁的《俄国的罢工》《马克思主义和取消主义》等宣传通俗读物。为了更通俗地宣传有关帝国主义的观点，列宁在1916年写作《帝国主义是资本主义的最高阶段（通俗的论述）》一书时，曾于7月2日致米·尼·波克罗夫斯基的信中提道："如果认为最好避免用帝国主义这个字眼，那就用：《现代资本主义的基本特点》。（《通俗的论述》这一副标题绝对必要，因为许多重要材料就是按照作品的这种性质来阐述的。）"这体现了列宁力图用通俗、朴实的语言向人民群众宣传的态度。毛泽东同志则对推进马克思主义大众化的形式进行了多方面的实践探索。他创办《湘江评论》等报刊宣传马克思主义，探索以农民运动讲习所和工人夜校等形式普及马克思主义。他旁征博引，古为今用，洋为中用，提出了"为人民服务""实事求是""星星之火，可以燎原""枪杆子里面出政权"等鲜活的语言来表述马克思主义。邓小平同志也善于运用并创造性地提出了"发展才是硬道理""两手抓、两手都要硬""科学技术是第一生产力"等朴实的话语来阐发马克思主义。

面对人民群众日益增长的精神文化需求，2014年10月习近平总书记在文艺工作座谈会上强调："要跟上时代发展、把握人民需求，以充沛的激情、生动的笔触、优美的旋律、感人的形象创作生产出人民喜闻乐见的优秀作品，让人民精神文化生活不断迈上新台阶。"实际上，不仅在文艺工作领域，在意识形态和理论宣传等领域也需要反映时代要求和人民心声、通俗易懂地宣传阐释马克思主义的优秀作品，以推进马克思主义中国化时代化大众化，促进人民群众对马克思主义的理解、掌握和运用。

为此，我们编写了《走进现实：马克思主义基本原理大众化》系列丛书。本套丛书是紧密联系现实的马克思主义基本原理大众化科学读本，说理透彻，时代性强。丛书分为六册，分别从马克思主义导引、科学实践观的整体原则、人类社会发展规律、正确认识资本主义、当代资本主义的发展、科学社会主义等六个方面展开解读，清晰阐释马克思主义的历史脉络及展望未来马克思主义的发展前景。

本套丛书主要有以下特点：

一是现实性。本套丛书坚持理论和实践、历史和现实相结合的原则，紧密结合当代世界发展的实际、当代中国发展的实际、马克思主义中国化发展的实际，探索马克思主义发展的科学规律及当代发展和未来趋势。丛书注重全面理解马克思主义理论体系的基本内涵、时代特征和历史发展，深入理解习近平新时代中国特色社会主义思想如何把马克思主义基本原理同中国具体实际相结合、同中华优秀传统文化相结合，不断发展马克思主义。

二是通俗性。面向大众，贴近生活，是人民群众读得懂、看得明白的马克思主义科学读本。虽然大众早已对"马克思主义中国化"耳熟能详，但真正能把马克思主义科学内涵和历史发展规律等厘清的大多是专业研究人员，对普通群众来说，马克思主义是"熟悉的，也是陌生的"。本套丛书立足马克思主义大众化，使马克思主义不再是象牙塔里研究的枯燥理论。它以通俗的语言生动地阐释了马克思主义的科学内涵、理论体系和精神实质，使广大群众能够较为轻松地学习理解并准确掌握马克思主义。

三是学术性。从历史、理论和现实结合的高度，以恢宏的理论视野、深刻的理论论证、清晰的发展脉络、翔实的文献资料，阐释了马克思主义的科学内涵、理论体系和精神实质的内在统一性，凸显了马克思主义基本原理和科学精神的历史发展及时代意义，具有说服力、穿透力。

四是客观性。本套丛书注重以客观公正的态度呈现马克思主义的真实面貌。比如第一册《走进圣殿：马克思主义导引》，从历史和当代双重视野如实展现了马克思主义的世界观、方法论及核心观点，感悟其科学性、学术性、实践性和真理性的魅力；第二册《立足整体：准确把握马克思主义理论体系》，从主体、客体与实践"三者一体"的整体性视阈客观呈现马克思主义理论体系；第三册《打开密钥：人类社会发展规律》，以马克思主义经典作家的相关论述为依据，阐释了唯物史观的基本内容及其对正确认识人类社会发展历程的指导作用；第四册《拨开迷雾：正确认识资本主义》，以马克思主义基本原理为指导，全景式呈现资本主义的确立过程、运行逻辑、制度本质及观念属性，为正确认识资本主义提供科学指引；第五册《前路何方：当代资本主义的发展》，用大量事实和数据揭示了当代金融资本主义的面目特征，引思当代资本主义的未来趋势；第六册《继往开来：科学社会主义》，在回首百余年科学社会主义的理论与实践，展望世界社会主义运动的光明前景中，客观阐释科学社会主义的基本内涵、理论体系和精神实质。

五是全面性。以生动翔实的文献资料展开论述，说理透彻，行文流畅，兼具学术性与通俗性，可供理论工作者和广大党员干部学习与研究马克思主义参考使用，对大众正确理解当代现实问题也具有引领作用。

因此，本套丛书作为一套兼具学术性和通俗性的大众化读物，力图找准将马克思主义基本原理转化为实践力量的切入点、结合点和着力点，用简明、朴实的话语，通俗、易懂的方式推动马克思主义大众化，既适合普通民众较为轻松地学习、理解和掌握马克思主义基本原理及其世界观和方法论，又可以满足高校师生等学界人士深入理解马克思主义的理论体系及其当代价值的需要。

希冀本套丛书的出版能够助益社会民众和学界人士对马克思主义基本原理的了解和把握，促进马克思主义在当代中国的传播和普及，从而不断推动"两个结合"走向深入！

辛向阳

2023 年 11 月

目　录

导　言

　　马克思主义是关于自然界、人类社会和思维发展普遍规律的科学理论体系，是关于无产阶级和人类解放的科学，更是我们"立党立国、兴党兴国的根本指导思想"①。

　　马克思主义揭示了"人类社会历史发展的规律，它的基本原理是正确的，具有强大的生命力"②。在马克思和恩格斯提出科学社会主义之前，社会主义的学说早已存在。从英国的托马斯·莫尔的《乌托邦》开始，就有幻想一个没有剥削、没有压迫，人人平等互助、和平友爱的理想社会的空想社会主义思潮。但是这些空想社会主义思潮没有揭示出人类社会发展的一般规律，没有找到实现这一理想的根本力量，因而也就难以找到实现人类平等幸福理想社会的有效途径。正是以马克思和恩格斯为创始人的马克思主义揭示了人类社会发展的一般规律，同时

---

　　①　习近平：《习近平著作选读》第一卷，北京：人民出版社2023年版，第14页。

　　②　《中国共产党章程》，北京：人民出版社2022年版，第2页。

揭示了资本主义运行的特殊规律，并为人类找到了实现平等幸福理想的根本力量——无产阶级，从而指明了实现这一理想社会的有效途径。

1848年2月《共产党宣言》的发表，标志着马克思主义的诞生。《共产党宣言》第一次完整、系统地阐述了马克思主义关于科学社会主义的基本理论和基本思想。马克思主义深刻"揭示了奴隶社会以来的历史都是阶级斗争的历史；揭示了生产力决定生产关系，经济基础决定上层建筑，生产力和生产关系、经济基础和上层建筑的矛盾运动推动社会形态依次更替的人类社会发展一般规律；揭示了资本主义生产社会化和生产资料私人占有之间的内在矛盾；揭示了资本主义必然灭亡和共产主义必然胜利的历史规律"[1]。在科学把握人类社会发展"一般规律"和"特殊规律"的基础上，马克思主义在科学社会主义和方法论等方面提出了一些"基本原理"。例如，提出了"唯物史观、阶级斗争、无产阶级历史使命、共产主义新社会、人的全面发展、世界市场"[2]等。这些基本原理和方法论构成了马克思主义科学理论体系的重要内

---

[1] 习近平：《学习马克思主义基本理论是共产党人的必修课》，《求是》2019年第22期。
[2] 习近平：《学习马克思主义基本理论是共产党人的必修课》，《求是》2019年第22期。

容。归根到底，马克思主义就是一句话，"为人类求解放"①。马克思主义是第一次站在无产阶级和劳动人民的立场上探求人类自由解放道路的科学理论。它始终鲜明地站在无产阶级和劳动人民一边，毫不掩饰自己的理论及其政党的阶级性，始终强调人民群众在推动历史前进中的伟大作用，把无产阶级看作人类社会先进生产力的代表者、资本主义制度的掘墓人、共产主义新社会制度的创造者，从而为人类找到实现自身解放和建立平等幸福理想社会的历史力量。

在马克思主义创始人马克思和恩格斯的指导下，无产阶级对资产阶级展开了连绵不绝的阶级斗争。在不同时期建立的共产主义者同盟，第一国际、第二国际等国际工人组织，以及包括无产阶级在内的革命群众开展的1848年欧洲革命、巴黎公社等斗争和革命运动中，马克思和恩格斯提出并不断发展了"不断革命论"、关于无产阶级专政的理论、关于建立工农联盟的思想，提出并不断发展了打碎旧的国家机器的要求，强调建立无产阶级政党的重要性，阐明了无产阶级政党在革命中的斗争策略，等等，在实践中不断丰富和发展了马克思主义的无产阶级革命理论和国家学说，极大推动了国际工人运动和民族

---

① 习近平：《在纪念马克思诞辰200周年大会上的讲话》，北京：人民出版社2018年版，第8页。

解放运动的斗争和联合，极大推动了科学社会主义理论和实践的发展。

19世纪末至20世纪初，资本主义从自由竞争阶段发展到帝国主义阶段。列宁依据马克思主义基本原理和方法论，创立了关于帝国主义的理论。列宁对帝国主义作了全面而深刻的分析，指出帝国主义阶段"垄断代替自由竞争，是帝国主义的根本经济特征，是帝国主义的实质"[①]。在领导"十月革命"，建成世界上第一个社会主义国家，以及探索社会主义建设的实践中，列宁还丰富和发展了马克思主义关于无产阶级革命的理论，关于革命应当在矛盾最尖锐、帝国主义统治最薄弱的链条实现"一国胜利"的理论，关于创立无产阶级新型政党、巩固无产阶级专政、发展社会主义社会的生产力，以及创建第三国际指导世界无产阶级革命运动和民族解放运动等方面的理论，从而在理论和实践方面继承和发展了马克思主义的科学社会主义，并将马克思主义发展到列宁主义阶段。

在马克思列宁主义指导下，一大批以马克思列宁主义为指导的无产阶级政党纷纷成立，领导各国无产阶级和革命群众开展了风起云涌的国际共产主义运动。在中国，"十月革命一声炮响，

---

① 《列宁全集》第二十八卷，北京：人民出版社2017年版，第69页。

给中国送来了马克思列宁主义"①。在中国人民和中华民族的伟大
觉醒中，在马克思列宁主义同中国工人运动的紧密结合中，中国
共产党应运而生。中国产生了共产党，这是开天辟地的大事变，
中国革命的面貌从此焕然一新。在中国共产党领导下，中国人民
浴血奋战、艰苦奋斗，建立了中华人民共和国，开展了社会主义
革命和建设的伟大实践。这深刻改变了近代以后中华民族发展的
方向和进程，深刻改变了中国人民和中华民族的前途和命运，深
刻改变了世界发展的趋势和格局。

新民主主义革命时期，以毛泽东同志为主要代表的中国共
产党人，把马克思列宁主义基本原理同中国具体实际相结合，
对经过艰苦探索、付出巨大牺牲积累的一系列独创性经验作了
理论概括，开辟了农村包围城市、武装夺取政权的正确革命道
路，创立了毛泽东思想。在社会主义革命和建设时期，毛泽东
同志提出把马克思列宁主义基本原理同中国具体实际进行"第
二次结合"②，以毛泽东同志为主要代表的中国共产党人，结合
新的实际丰富和发展毛泽东思想，提出社会主义社会是一个很
长的历史阶段，严格区分和正确处理敌我矛盾和人民内部矛盾，

---

① 习近平：《在庆祝中国共产党成立100周年大会上的讲话》，北京：人
民出版社2021年版，第3页。
② 《毛泽东年谱（1949—1976）》第二卷，北京：中央文献出版社2013
年版，第557页。

正确处理我国社会主义建设的十大关系，走出一条适合我国国情的工业化道路，尊重价值规律，等等。毛泽东思想是"马克思列宁主义在中国的创造性运用和发展，是被实践证明了的关于中国革命和建设的正确的理论原则和经验总结，是马克思主义中国化的第一次历史性飞跃"①。

党的十一届三中全会以后，以邓小平同志为主要代表的中国共产党人，团结带领全党全国各族人民，深刻总结新中国成立以来正反两方面经验，围绕什么是社会主义、怎样建设社会主义这一根本问题，借鉴世界社会主义历史经验，创立了邓小平理论，解放思想，实事求是，作出把党和国家工作中心转移到经济建设上来、实行改革开放的历史性决策，深刻揭示社会主义本质，确立社会主义初级阶段基本路线，明确提出走自己的路、建设中国特色社会主义，科学回答了建设中国特色社会主义的一系列基本问题，制定了到二十一世纪中叶分三步走、基本实现社会主义现代化的发展战略，成功开创了中国特色社会主义。

党的十三届四中全会以后，以江泽民同志为主要代表的中国共产党人，团结带领全党全国各族人民，坚持党的基本理论、基本路线，加深了对什么是社会主义、怎样建设社会主义和建

---

① 《中共中央关于党的百年奋斗重大成就和历史经验的决议》，北京：人民出版社2021年版，第13页。

设什么样的党、怎样建设党的认识，形成了"三个代表"重要思想，在国内外形势十分复杂、世界社会主义出现严重曲折的严峻考验面前捍卫了中国特色社会主义，确立了社会主义市场经济体制的改革目标和基本框架，确立了社会主义初级阶段公有制为主体、多种所有制经济共同发展的基本经济制度和按劳分配为主体、多种分配方式并存的分配制度，开创全面改革开放新局面，推进党的建设新的伟大工程，成功把中国特色社会主义推向二十一世纪。

党的十六大以后，以胡锦涛同志为主要代表的中国共产党人，团结带领全党全国各族人民，在全面建设小康社会进程中推进实践创新、理论创新、制度创新，深刻认识和回答了新形势下实现什么样的发展、怎样发展等重大问题，形成了科学发展观，抓住重要战略机遇期，聚精会神搞建设，一心一意谋发展，强调坚持以人为本、全面协调可持续发展，着力保障和改善民生，促进社会公平正义，推进党的执政能力建设和先进性建设，成功在新形势下坚持和发展了中国特色社会主义。

党的十八大以来，中国特色社会主义进入新时代。以习近平同志为主要代表的中国共产党人，坚持把马克思主义基本原理同中国具体实际相结合、同中华优秀传统文化相结合，坚持毛泽东思想、邓小平理论、"三个代表"重要思想、科学发展观，深刻总结并充分利用党成立以来的历史经验，从新的实际出发，创立了习近平新时代中国特色社会主义思想。习近平同志对关系新时代党和国家事业发展的一系列重大理论和实践问题进行了深邃的思考和判断，就"新时代坚持和发展什么样的中国特色社会主义、怎样坚持和发展中国特色社会主义，建设什么样的社会主义现代化强国、怎样建设社会主义现代化强国，建设什么样的长期执政的马克思主义政党、怎样建设长期执政的马克思主义政党"①等重大时代课题，提出一系列原创性的治国理政新理念新思想新战略，是习近平新时代中国特色社会主义思想的主要创立者。以习近平同志为核心的党中央，以伟大的历史主动精神、巨大的政治勇气、强烈的责任担当，统筹国内国际两个大局，贯彻党的基本理论、基本路线、基本方略，统揽伟大斗争、伟大工程、伟大事业、伟大梦想，坚持稳中求进工作总基调，出台一系列重大方针政策，推出一系列重大举措，推进一系列重大工作，战胜一系列重大风险挑战，解决了许多长期想解决而没有解决的难题，办成了许多过去想办而没有办成的大事，"党和国家事业取得历史性成就、发生历史性变革，推动我国迈上全面建设社会

---

① 《中共中央关于党的百年奋斗重大成就和历史经验的决议》，北京：人民出版社2021年版，第25—26页。

主义现代化国家新征程"①。

一百多年来，中国共产党和中国人民以英勇顽强的奋斗书写了经济快速发展和社会长期稳定两大奇迹新篇章，使中华民族伟大复兴进入了不可逆转的历史进程，使"科学社会主义在二十一世纪的中国焕发出新的蓬勃生机"②。中国的革命、建设、改革和发展的实践证明，只有社会主义才能救中国，只有社会主义才能发展中国。

一百七十多年来，全世界无产阶级和劳动人民及其政党，在马克思主义的指导下，不断掀起国际共产主义运动的高潮、不断取得社会主义革命的胜利，使人类社会发生了翻天覆地的变化。在团结带领本国无产阶级和广大人民群众进行社会主义革命、建设和改革的历史进程中，各国共产党坚持和运用马克思主义的辩证唯物主义和历史唯物主义的世界观和方法论，坚持和运用马克思主义的立场、观点、方法，坚持和运用马克思主义关于世界的物质性及其发展规律，关于人类社会发展的自然性、历史性及其相关规律，关于人的解放和自由全面发展的规律，关于认识的本质及其发展规律等原理，坚持和运用马克思主义的实践观、群众

---

① 习近平:《习近平著作选读》第一卷，北京：人民出版社2023年版，第5页。

② 习近平:《习近平著作选读》第一卷，北京：人民出版社2023年版，第13页。

观、阶级观、发展观、矛盾观，从而科学指导了本国社会主义建设实践。在探索社会主义建设道路的实践中，各国共产党不断总结经验教训，坚持、继承、丰富和发展着马克思主义，使马克思主义不断焕发新的生机和活力，使科学社会主义不断焕发新的生机和活力，从而向人类昭示了没有剥削、没有压迫，人人平等互助、和平友爱的理想社会的共产主义前景。

第一章

科学社会主义的创立和发展

——马克思恩格斯推动人类解放事业

　　马克思主义产生于19世纪40年代，是资本主义的内在矛盾激化和无产阶级及其运动发展到一定阶段的产物。在经济条件方面，17—18世纪末经典力学和数学微积分的创立，为科技革命在西欧国家的率先发生、为资本主义的发展创造了科技条件。科技革命又迅即导致工业革命，使资本主义社会化大生产迅猛发展，这为资本主义的发展和壮大奠定了物质基础和经济条件。在社会结构方面，资本主义经济危机周期性爆发，雇佣工人日益贫困，导致贫富差距日益加大、社会关系迅速极化，资本主义生产社会化和生产资料私人占有之间的内在矛盾不断激化，资产阶级和无产阶级的矛盾对立日益加剧。19世纪30—40年代，欧洲三大工人运动先后爆发，无产阶级开始作为一支独立的政治力量登上了历史舞台，这是资本主义社会阶级斗争产生和激化的阶级基础和社会前提。在思想来源方面，德国古典哲学、英国古典政治经济学，尤其是法英空想社会主义学说，已经幻想了一个没有剥削、没有压迫，人人平等互助、和平友爱的理想社会，这是马克思主义诞生的思想来源。但是，空想社会主义学说因为找不到人类社会发展的规律和改变资本主义社会的历史力量，而使社会主义学说只能停留在空想之上。正是马克思和恩格斯不断吸收和改造人类历史上一切优秀思想文化成果，尤其是在吸收和改造空想社会主义学说的基础上，揭示了人类社会发展的一般规律和资本主义运行的特殊规律，并为人类找到了实现人类平等幸福理想的根本力量——无产阶级，才使社会主义学说从空想变为了科学。从此，无产阶级和人类社会有了实现自身解放的科学指南——马克思主义。

一、从空想到科学：马克思和恩格斯共同创立科学社会主义

马克思主义是历史的产物，是人类的科技、经济、社会和思想发展到一定历史阶段必然产生的。17—18世纪末的科技革命，为资本主义的发展创造了科技条件。科技革命又导致工业革命，促进了资本主义社会化大生产，为资本主义的发展和壮大奠定了物质基础和经济条件。资本主义生产社会化和生产资料私人占有之间的内在矛盾，又不断激化着资产阶级和无产阶级的矛盾对立，阶级斗争随之而来，指导无产阶级进行阶级斗争的理论武器也就应运而生。

（一）马克思主义科学社会主义诞生的历史条件

在科技进步方面，17—18世纪末的科技革命，为资本主义的发展创造了科技条件。

早在16世纪中期，"近代科学之父"伽利略就第一个把实验引进力学领域。他利用数学和实验相结合的方法，不仅纠正了统治欧洲近两千年传统科学的错误认知，更确定了诸如运动、重心、速度、加速度等方面的重要力学概念和力学数学表达式，这为牛顿力学理论体系的建立奠定了基础。17世纪末，牛顿便创立了经典力学，发表了被誉为"物理学的圣经"的《自然哲学的数学原理》。它提出了力学的三大定律和万有引力定律，从而为经典力学规定了一套基本概念、形成了一个完整的理论体系，奠定了经典物理学的标准尺度。牛顿与莱布尼茨分别从物理学角度和数学角度创立微积分，这为18—19世纪科技的发展奠定了基础。

到19世纪，被誉为19世纪"三大自然科学发现"的细胞学说、能量守恒与转化定律、进化论相继提出。1831年，英国植物学家布朗在植物细胞内发现了细胞核并首次提出了"细胞核"的概念。很快，动物细胞内存在核仁的情况也被发现了。德国生物学家施莱登和施旺先后发现了细胞是一切生物体构造和机能的共同基础，德国科学家魏尔肖又补充了细胞通过分裂产生新细胞的观点，使细胞学说得以完善。这一学说论证了生物界在结构上的统一性，以及在进化上存在着共同起源，从而为辩证唯物论提供了重要的自然科学依据。1842年，德国物理学家迈尔在实验的基础上提出能量守恒与转化定律，英国物理学家焦耳此后实验发现热和功之间有一定的转换关系，德国物理学家赫尔姆霍茨又以数学方式提出能量守恒定律。能量守恒与转化定律提出：能量既不会凭空产生也不会凭空消失，它只会在不同的物体之间发生转移，或者在不同的形式之间发生转化，而在转移或转化的过程中，能量总量始终保持不变。能量守恒与转化定律科学地阐明了运动不灭的观点，成为近代自然科学最基本的定律之一。1859年，英国生物学家达尔文率先提出随机变异自然选择学说，在其名著《物种起源》中，达尔文依据对古生物学、生物地理学、形态学、胚胎学等大量调研资料，从遗传性、变异性、生存竞争和人工选择等方面，论证了物种起源的多样性与统一性，引起了生物科学和自然科学的巨大革命。整个人类的思想在"三大自然科学发现"面前也发生了巨大变革，长期以来唯心论、机械唯物论和形而上学等观点被摧毁了，神创论、决定论和宿命论的束缚挣脱了，人们开始以科学探索精神和创新创造精神更自由地探索自然界，寻求把握和改变自身与人类社会命运的钥匙。

科学的发现带动了技术的进步，以近代科学为基础的科技发明层出不穷，人类社会生产力的发展随之推动。1733年英国机械师约翰·凯伊发明了飞梭，1764年英国纺织工人詹姆斯·哈格里沃斯发明了珍妮纺纱机，1785年瓦特改进了蒸汽机并首先在诺丁汉郡建立起第一个蒸汽纺纱厂，棉纺织业的技术发明和进步使纺纱的生产效率获得极大提高。蒸汽机的发明和应用，使棉纺织业从工场手工业过渡到机器大工业，人类的"蒸汽时代"来临了。

在经济条件方面，科技革命迅即导致工业革命，而工业革命的序幕就在棉纺织业的技术发明和变革中拉开了。恩格斯曾经说，这些发明"使社会的运动活跃起来。它们的最直接的结果就是英国工业的兴起，首先是棉纺织业的兴起"[①]。科技发明和实践运用很快地传导到其他工业部门。毛纺织业、麻纺织业、丝纺织业为了不在竞争中落后也竞相改用蒸汽机。

机器大工业的生产，极大提高了对原料和交通的需求。采煤业、采矿业、冶铁业、金属加工业等等，为了加大开采力度，都先后采用蒸汽机作为机械动力，重工业得以迅猛发展。这样，"随着棉纺业的革命，必然会发生整个工业的革命"[②]，人类的"工业时代"来临了。1814年英国工程师史蒂芬孙发明了蒸汽机车，1825年英国建成了第一条铁路，伴随交通运输业的发展，英

---

① 《马克思恩格斯文集》第一卷，北京：人民出版社2009年版，第98页。
② 《马克思恩格斯文集》第一卷，北京：人民出版社2009年版，第102页。

国各地原料、产品、人员的流动日益频繁。

英国借助率先开始的工业革命，争得了一个与高效生产率和便捷交通网相称的更广阔的市场，赚得了"工业革命"的第一桶金。其他欧洲国家不甘落后，法国、德国、瑞士、比利时、西班牙等国争先恐后地开始了工业革命的进程。到19世纪70—80年代，英、法、德等主要欧洲国家就先后完成了从工场手工业向机器大工业过渡的"工业革命"，这为资本主义的发展和壮大奠定了物质基础和经济条件。

科技革命和工业革命的发展，使资本主义社会化大生产迅猛发展。马克思和恩格斯曾经对资本主义这种生产力的迅猛发展给予了积极评价："资产阶级在它的不到一百年的阶级统治中所创造的生产力，比过去一切世代创造的全部生产力还要多，还要大。自然力的征服，机器的采用，化学在工业和农业中的应用，轮船的行驶，铁路的通行，电报的使用，整个整个大陆的开垦，河川的通航，仿佛用法术从地下呼唤出来的大量人口——过去哪一个世纪料想到在社会劳动里蕴藏有这样的生产力呢？"[①]在科技革命和工业革命的推动下，人类社会的物质生产水平和经济活动能力极大提高，不同国家之间的生产、消费、市场和人员交往

---

① 《马克思恩格斯文集》第二卷，北京：人民出版社2009年版，第36页。

日益便利、快捷和频繁，也越来越超越国家壁垒和民族交往而更具有世界性。由于"规模不断扩大的劳动过程的协作形式日益发展，科学日益被自觉地应用于技术方面，土地日益被有计划地利用，劳动资料日益转化为只能共同使用的劳动资料，一切生产资料因作为结合的、社会的劳动的生产资料使用而日益节省，各国人民日益被卷入世界市场网，从而资本主义制度日益具有国际的性质"[①]，人类历史即将由"民族历史"走向"世界历史"。

资本主义通过先进的技术进步和经济取得了相对于封建社会生产力和生产方式的相对优势，从而能够先在西欧，进而在世界范围内逐步取代封建社会，确立了自己的统治地位。然而，资本主义生产方式也存在着其自身无法消弭的内在矛盾。这一矛盾表现为个别工厂中生产的组织性和整个社会中生产的无政府状态的对立，表现为无产阶级和资产阶级的对立。这一矛盾发展的结果就是资本主义经济危机的周期性爆发。自1825年资本主义世界爆发了单个国家的第一次经济危机后，1837年和1847年，资本主义世界爆发了第二次、第三次经济危机，至1857年资本主义更是爆发了第一次世界性的经济危机。马克思和恩格斯分析了1825年英国第一次发生普遍性生产过剩危机开始后的历次经济危机，发现

---

① 《马克思恩格斯文集》第五卷，北京：人民出版社2009年版，第874页。

大体上，每隔若干年资本主义经济危机就发生一次。"现代工商业经历着5—7年的周期性的循环，在此循环中，有规律地相继经过各种不同的阶段——沉寂，然后是好转，信心渐增，活跃，繁荣，狂热发展，贸易过度扩张，崩溃，压缩，停滞，衰竭，最后，又是沉寂。"①他们预测："如果1848年开始的工业发展的新周期像1843—[18]47年的周期那样发展下去的话，那么1852年就会爆发危机。"②1852年以后，马克思和恩格斯又根据形势的发展，总结出普遍经济危机大约每10年就爆发一次，"工业的大规模的、迅速的发展远远地超过了国外市场的扩大和需求的增加。每隔十年，生产的进程就被普遍的商业危机强制性地打断一次"③。从后来至今的历次经济危机的爆发情况来看，普遍的经济危机可能有大有小，有长有短，但其周期性规律大抵维持在8—10年左右的时间。尤其是1998年亚洲金融危机到2008年国际金融危机的10年间隔，更是验证了马克思和恩格斯的判断力。这样，"资本主义生产社会化和生产资料私人占有之间的内在矛盾"④就成为资本主义社会无法消弭的矛盾，成为资本主义经济危机频发、社会问题频出的根源。

① 《马克思恩格斯全集》第十一卷，北京：人民出版社1995年版，第447页。
② 《马克思恩格斯全集》第十卷，北京：人民出版社1998年版，第587页。
③ 《马克思恩格斯文集》第一卷，北京：人民出版社2009年版，第371页。
④ 习近平：《学习马克思主义基本理论是共产党人的必修课》，《求是》2019年第22期。

（二）马克思主义科学社会主义诞生的社会条件

在社会结构方面，资本主义经济危机周期性爆发，雇佣工人日益贫困，导致贫富差距日益加大、社会关系迅速极化，资本主义生产社会化和生产资料私人占有之间的内在矛盾不断激化，资产阶级和无产阶级的矛盾对立日益加剧。

资本主义生产方式改变了人们的生产生活方式。机器大工业的生产、工厂制度的建立、雇佣劳动的方式，使人们不再是在家里或小作坊里工作了，开始在大工厂内共同工作。这使得工厂里的雇佣者越来越多，越来越集中。手工作业由蒸汽动力和机器作业代替，以手工劳动为基础的个体劳动者很快被排挤了，封建主义以土地占有、雇农劳动的方式逐渐没落。"现在一个八岁的儿童在机器的帮助下，比以前20个成年男子生产得还要多。60万名工厂工人，其中一半是儿童，而且大半是女性，做着15000万人的工作。"[①]劳动者在失去了生产工具和小块工余耕作的土地之后，最终沦为无产阶级。恩格斯曾经指出："18世纪在英国所引起的最重要的结果就是：由于工业革命，产生了无产阶级。新的工业总是需要大批常备的工人来供给无数新的劳动部门，而且需要的是以前未曾有过的工人。"[②]工厂制度和城市化进程的加速发

---

① 《马克思恩格斯文集》第一卷，北京：人民出版社2009年版，第101页。
② 《马克思恩格斯文集》第一卷，北京：人民出版社2009年版，第107页。

展，逐渐地改变社会的阶级结构，并最终形成了资产阶级和无产阶级两大对立的阶级。一方面，资产阶级占据生产资料所有权的优势，可以攫取大部分的企业利润和社会财富，过得生活富足、安逸享乐。另一方面，无产阶级不掌握生产资料，只能进工厂出卖劳动力为生。由于人数众多，为了竞争就业和避免失业，工人们又不得不竞相压低工资，这使得资本家可以对工人们进行极限压榨。

资本主义生产通过本身的内在规律的作用，即通过资本的集中，推动了生产资料的集中和劳动的社会化。随着这种集中或少数资本家对多数资本家的剥夺，随着"那些掠夺和垄断这一转化过程的全部利益的资本巨头不断减少，贫困、压迫、奴役、退化和剥削的程度不断加深，而日益壮大的、由资本主义生产过程本身的机制所训练、联合和组织起来的工人阶级的反抗也不断增长。资本的垄断成了与这种垄断一起并在这种垄断之下繁盛起来的生产方式的桎梏"[1]。当生产资料的集中和劳动的社会化，达到了"同它们的资本主义外壳不能相容的地步。这个外壳就要炸毁了。资本主义私有制的丧钟就要响了。剥夺者就要被剥夺了"[2]。

---

[1] 《马克思恩格斯文集》第五卷，北京：人民出版社2009年版，第874页。
[2] 《马克思恩格斯文集》第五卷，北京：人民出版社2009年版，第874页。

　　资本主义生产方式导致的结果必然是资本主义社会的贫富分化，进而导致资产阶级和无产阶级的矛盾对立，这种人类社会结构的变迁最终导致资本主义社会两大阶级——资产阶级和无产阶级之间无可避免的阶级矛盾和对立。"资产阶级的生产关系和交换关系，资产阶级的所有制关系"，这个"曾经仿佛用法术创造了如此庞大的生产资料和交换手段的现代资产阶级社会，现在像一个魔法师一样不能再支配自己用法术呼唤出来的魔鬼了。几十年来的工业和商业的历史，只不过是现代生产力反抗现代生产关系、反抗作为资产阶级及其统治的存在条件的所有制关系的历史"①。资本主义社会的阶级斗争就要开始了。

　　无产阶级的斗争在早期，主要是破坏机器、捣毁厂房、殴打厂主等初始形式。那时，工人们认识不到造成他们苦难生活的根源是资本主义生产方式，以为机器的广泛使用是造成他们失业的根源，因而将怒火发泄在机器和厂房上。这时的无产阶级在政治上还是一个不成熟的"自在的阶级"，因而反对资产阶级的斗争是自发的、没有组织的和孤立的行为。18世纪末19世纪初，当工人们明了"把机器和机器的资本主义应用区别开来，从而学会把自己的攻击从物质生产资料本身转向物质生产资料的社会使

---

　　① 《马克思恩格斯文集》第二卷，北京：人民出版社2009年版，第37页。

用形式"①时，工人们开始将斗争的矛头转向资产阶级，斗争方式也改变为以集体罢工、组织工会、集体谈判等经济斗争方式为主。这些罢工"只是前哨的小冲突，有时也形成影响较大的战斗；它们决定不了什么"，但它们"最确凿地证明了无产阶级和资产阶级之间的决战已经迫近。罢工是工人的军事学校，他们在这里为投入已经不可避免的伟大斗争做好准备；罢工是各个劳动部门关于自己参加伟大的工人运动的宣言"②。这些罢工和谈判即使"决定不了什么"，至少也加强了无产阶级的团结，增强了无产阶级的组织性，为后续开展政治斗争准备了条件。

19世纪30—40年代，欧洲三大工人运动先后爆发，无产阶级开始作为一支独立的政治力量登上了历史舞台。1831—1834年，法国里昂工人发动了反对资产阶级剥削压迫的武装起义，这是法国无产阶级最早的群众性的行动之一。无产阶级在斗争中明确提出了"建立共和国"③的主张，使这次起义具有了更加鲜明的政治性质。19世纪30—50年代，英国爆发了宪章运动，这是一场无产阶级争取政治权利的革命运动。"宪章运动"在1839年、1842年、1848年先后掀起三次高潮，前后参与的人民群众

---

① 《马克思恩格斯文集》第五卷，北京：人民出版社2009年版，第493页。
② 《马克思恩格斯文集》第一卷，北京：人民出版社2009年版，第459页。
③ 《马克思恩格斯全集》第三卷，北京：人民出版社2002年版，第480页。

有数百万，显示了广泛的群众性和政治性。在运动中，工人们组织了第一个独立的工人政党性质的组织。恩格斯就将英国的宪章派称为"近代第一个工人政党"①，使无产阶级开展政治斗争有了较强的组织性。19世纪40年代爆发的德国西里西亚织工起义，更是明确地提出了反对资产阶级私有制剥削的要求。在起义中，无产阶级"一下子就决不含糊地、尖锐地、毫不留情地、威风凛凛地大声宣布，它反对私有制社会"②。西里西亚起义"恰恰在开始时就具有了法国和英国的工人起义在结束时才具有的东西，那就是对无产阶级本质的意识"③，这意味着无产阶级阶级意识的觉醒。尽管这三大工人运动先后失败了，但无产阶级通过这些运动和斗争表达了自身的政治诉求，探索了进行阶级斗争的各种形式，标志着工人阶级作为独立的政治力量登上了历史舞台。马克思和恩格斯也通过这些运动和斗争看到了无产阶级的力量，认识到无产阶级是先进生产力的代表，是革命最坚决最彻底的阶级。他们将成为资本主义的"掘墓人"，成为无产阶级和人类社会争取自身解放、迈向理想社会的历史力量。

---

① 《马克思恩格斯文集》第三卷，北京：人民出版社2009年版，第517页。
② 《马克思恩格斯全集》第三卷，北京：人民出版社2002年版，第390页。
③ 《马克思恩格斯全集》第三卷，北京：人民出版社2002年版，第390页。

（三）马克思主义科学社会主义诞生的思想条件

在思想来源方面，德国古典哲学、英国古典政治经济学，尤其是法英空想社会主义学说，是马克思主义科学社会主义诞生的思想条件。

马克思和恩格斯提出科学社会主义之前，社会主义的学说早已存在。尤其是空想社会主义在18—19世纪具有较大影响。其主要代表人物是法国的克劳德·昂利·圣西门（1760—1825年）、夏尔·傅立叶（1772—1837年），和英国的罗伯特·欧文（1771—1858年）。

圣西门提出了把科学实业制度和新基督教的道德相结合的空想社会主义思想。他认为，"人人应当劳动"，而"劳动者"不仅是指雇佣工人，而且也包括厂主、商人和银行家，不"劳动者"将失去精神领导和政治统治的能力。圣西门希望用一种神秘的和等级森严的"新基督教"将宗教改革时被破坏的各种宗教观点统一起来，其中科学和工业将发挥关键作用。"科学就是学者，而工业首先就是积极活动的资产者：厂主、商人、银行家。这些资产者固然应当成为一种公众的官吏、社会的受托人，但是对工人应当保持发号施令的和享有经济特权的地位。特别是银行家应当担负起通过调节信用来调节整个社会生产的使命。这样的见解完全适应法国刚刚产生大工业以及随之产生资产阶级和无产阶级的对立的那个时代"①，尽管圣西门声称随时随地都首先关心"人数最多和最贫穷的阶级"，但是他将雇佣工人、厂主、商人和银行家一并纳入"劳动者"范畴，只将特权分子、游手好闲者、无财产者等不"劳动者"排除在外，显然是没有分清资产阶级和无产阶级的本质区别。

傅立叶认识到了资本主义制度是少数人剥削广大劳动者的制度，认识到了资本主义制度下富人与穷人的日益分化和对立。为此，他无情地揭露了"资产阶级世界在物质上和道德上的贫困"，他设想的理想社会模式是由各个基层组织组成相互平等、生产与消费协作的协作社即"法郎吉"。在法郎吉中，人人都要参加劳动，但激发人们劳动热情的不再是物质报酬而是精神力量。他认为，私人不得在法郎吉中经营商业，商业应当属于公有经济，由集体经营。他提出，在任何社会中"妇女解放的程度是衡量普遍解放的天然尺度"②。他把"社会历史到目前为止的全部历程分为四个发展阶段：蒙昧、野蛮、宗法和文明"。其中，"最后一个阶段就相当于现在所谓的资产阶级社会，即从16世纪发展起来的社会制度"③。尽管傅立叶按照资本、劳动和才能的比

---

①《马克思恩格斯文集》第三卷，北京：人民出版社2009年版，第530页。

②《马克思恩格斯文集》第三卷，北京：人民出版社2009年版，第531—532页。

③《马克思恩格斯文集》第三卷，北京：人民出版社2009年版，第532页。

例进行分配的设想尚未触及和改变资本主义生产方式，但他将人类将来会走向灭亡的思想引入历史研究，已经像康德把地球将来会走向灭亡的思想引入自然科学一样，具备了以辩证的、历史的眼光分析观察人类历史的崭新视角。

欧文指出了资本主义制度同社会生产力的不相容性。他明确地提出了"阻碍社会改革的首先有三大障碍：私有制、宗教和现在的婚姻形式"①。更为重要的，是他为建立未来的理想社会进行了"共产主义新村"的试验。他组织和领导了英国工人合作社运动，在1819年通过了限制工厂中妇女和儿童劳动的第一个法律。他主持了"英国工会的第一次代表大会，在这次大会上，全国各工会联合成一个工会大联盟。同时，作为向完全共产主义的社会制度过渡的措施，一方面他组织了合作社（消费合作社和生产合作社），这些合作社从这时起至少已经在实践上证明，无论商人或工场主都决不是不可缺少的人物；另一方面他组织了劳动市场，即借助以劳动小时为单位的劳动券来交换劳动产品的机构"②。可以说，当时英国有利于工人的社会运动都和欧文的名字联系在了一起。尽管欧文的共产主义试验

---

① 《马克思恩格斯文集》第三卷，北京：人民出版社2009年版，第535—536页。

② 《马克思恩格斯文集》第三卷，北京：人民出版社2009年版，第536页。

没有成功，但其对未来社会的设想和试验，同样启迪了马克思和恩格斯对未来共产主义社会的设想。

空想社会主义者的见解曾经长期支配着19世纪的社会主义观点，包括魏特林在内的德国共产主义在马克思和恩格斯创立科学社会主义之前也是这样。他们认为，社会主义是绝对真理、理性和正义的表现，它不依赖于时间、空间和人类的历史发展而存在，发现它只是一种偶然现象。只要发现了这种绝对真理，它就能用自己的力量征服世界。然而，这只能是"一种折中的不伦不类的社会主义"①，通过这种发现绝对真理式的社会主义，并无法找到变革现存社会制度的途径。它"既不会阐明资本主义制度下雇佣奴隶制的本质，又不会发现资本主义发展的规律，也不会找到能够成为新社会的创造者的社会力量"②。这使得使他们对资本主义社会的变革只能停留在空想的层面。但是，空想社会主义者仍然真诚地设计了未来理想社会的蓝图，努力地进行了通往共产主义新社会的试验，这使得空想社会主义依然要归入"本来意义的社会主义和共产主义的体系"③，成为马克思主义的科学社会主义学说的直接理论来源。

---

① 《马克思恩格斯文集》第三卷，北京：人民出版社2009年版，第537页。
② 《列宁选集》第二卷，北京：人民出版社2012年版，第313页。
③ 《马克思恩格斯文集》第二卷，北京：人民出版社2009年版，第62页。

这样，经由17—18世纪以来科技革命和工业革命所导致的巨大变革和资本主义社会生产力的巨大发展，以及在这种变革中所导致的社会两极分化，资产阶级和无产阶级两大阶级的对立和斗争，马克思主义的诞生就不再是"某个天才头脑的偶然发现"，而是"两个历史地产生的阶级即无产阶级和资产阶级之间斗争的必然产物"①。而在马克思主义尤其是科学社会主义学说诞生之后，无产阶级和人类的解放事业就有了科学的理论指导和行动指南。

二、阶级斗争：科学社会主义理论的核心要义

马克思主义是在与工人运动相结合的过程中应运而生的。1848年2月，马克思和恩格斯共同完成了《共产党宣言》，其出版标志着马克思主义的创立。在《共产党宣言》中，马克思和恩格斯运用唯物史观对资本主义生产方式和经济运行规律作了深刻剖析。他们并在其中提出了一些重要思想，例如"唯物史观、阶级斗争、无产阶级历史使命、共产主义新社会、人的全面发展、世界市场"等；同时，《共产党宣言》还"深刻揭示了奴隶社会以来的历史都是阶级斗争的历史；揭示了生产力决定生产

① 《马克思恩格斯文集》第三卷，北京：人民出版社2009年版，第545页。

关系，经济基础决定上层建筑，生产力和生产关系、经济基础和上层建筑的矛盾运动推动社会形态依次更替的人类社会发展一般规律；揭示了资本主义生产社会化和生产资料私人占有之间的内在矛盾；揭示了资本主义必然灭亡和共产主义必然胜利的历史规律"①等。这些思想在人类思想史上具有革命性、开创性、突破性意义。从此，无产阶级和人类的解放事业有了马克思主义这一科学的理论指导和行动指南，而马克思主义找到了无产阶级这一变革人类社会，推动人类社会发展和历史进步的主体力量，而从空想发展为科学。

马克思和恩格斯一直以来都致力于把自己开创的科学理论与工人运动紧密结合。1847年6月初，当时在欧洲具有较大影响力的正义者同盟在伦敦召开了第一次代表大会，正式更名为共产主义者同盟。马克思和恩格斯为尽可能地团结和争取无产阶级的力量，已经加入了这个同盟。这次大会讨论通过了恩格斯参与起草的《共产主义者同盟章程》。《章程》规定了共产主义者同盟的最终奋斗目标是建立共产主义新社会。同盟的目的是"推翻资产阶级，建立无产阶级统治，消灭旧的以阶级对立为基础的资产阶

① 习近平：《学习马克思主义基本理论是共产党人的必修课》，《求是》2019年第22期。

级社会和建立没有阶级、没有私有制的新社会"①。《章程》并赋予了代表大会行使同盟的最高权力。大会并决定用新口号"全世界无产者，联合起来！"替代同盟的旧口号"四海之内，人人皆兄弟"。经过目的、组织机构、口号等方面的改组，共产主义者同盟就具有了国际无产阶级政党的雏形。

1847年11—12月，共产主义者同盟召开第二次代表大会之后，马克思和恩格斯共同拟定了《共产党宣言》，以此作为第一个国际性无产阶级政党的政治纲领。1848年2月，《共产党宣言》正式出版。《共产党宣言》的问世，标志着马克思主义的创立。

在《共产党宣言》中，马克思和恩格斯运用唯物史观对资本主义生产方式和经济运行规律作了深刻剖析，对阶级矛盾和阶级斗争问题给予了全面系统的阐述，提出了关于唯物史观、阶级斗争、无产阶级历史使命、共产主义新社会、人的全面发展、世界市场等一些重要思想，揭示了人类社会发展的一般规律，揭示了资本主义社会发展的特殊规律和内在矛盾，揭示了资本主义必然灭亡和共产主义必然胜利的"两个必然"的历史规律。

---

① 《马克思恩格斯文集》第四卷，北京：人民出版社2009年版，第236页。

《共产党宣言》首先描述了资本主义生产方式的产生和发展，积极评价了资本主义早期对人类社会发展起到的非常革命的作用。资产阶级"由于开拓了世界市场，使一切国家的生产和消费都成为世界性的了"①。由于一切生产工具的迅速改进，由于交通的极其便利，资产阶级把一切民族甚至最野蛮的民族都卷到文明中来了。资产阶级使农村屈服于城市的统治，使未开化和半开化的国家从属于文明的国家，使农民的民族从属于资产阶级的民族，使东方从属于西方。资产阶级使各自独立的、几乎只有同盟关系的、各有不同利益、不同法律、不同政府、不同关税的各个地区，现在已经结合为"一个拥有统一的政府、统一的法律、统一的民族阶级利益和统一的关税的统一的民族"②。总之，资产阶级"在它的不到一百年的阶级统治中所创造的生产力，比过去一切世代创造的全部生产力还要多，还要大"③。

但是，资产阶级在促进社会生产力巨大发展的同时，也"抹去了一切向来受人尊崇和令人敬畏的职业的神圣光环"。资产阶级把"医生、律师、教士、诗人和学者变成了它出钱招雇的雇佣劳动者"，它"撕下了罩在家庭关系上的温情脉脉的面纱，

---

① 《马克思恩格斯文集》第二卷，北京：人民出版社2009年版，第35页。
② 《马克思恩格斯文集》第二卷，北京：人民出版社2009年版，第36页。
③ 《马克思恩格斯文集》第二卷，北京：人民出版社2009年版，第36页。

把这种关系变成了纯粹的金钱关系"①。由于资产阶级"日甚一日地消灭生产资料、财产和人口的分散状态。它使人口密集起来，使生产资料集中起来，使财产聚集在少数人的手里"②。由此必然产生的结果就是政治的集中和贫富的分化趋势。这时，资本主义的生产方式就反过来变成社会生产力发展的桎梏。不仅如此，这种生产方式还孕育了资产阶级的掘墓人"现代的工人，即无产者"③，也就是无产阶级。

无产阶级由于不掌握生产资料，因此只有当他们找到工作的时候才能生存，而且只有当他们的劳动增殖资本的时候才能找到工作。"这些不得不把自己零星出卖的工人，像其他任何货物一样，也是一种商品"④，他们的劳动已经失去了任何独立的性质，变成了资本和机器的单纯的附属品。《共产党宣言》指出，有一些以前的中间等级以为通过自己的技能和努力，可以跨入资产阶级的行列，至少保住自己中间等级的地位，而不掉落入无产阶级的行列。但是中间等级的下层，即"小工业家、小商人和小食利者，手工业者和农民"，有的是因为他们的小资本经不起较大的资本家的竞争，有的是因为他们的手艺已经被新的生产方法所替

---

① 《马克思恩格斯文集》第二卷，北京：人民出版社2009年版，第34页。
② 《马克思恩格斯文集》第二卷，北京：人民出版社2009年版，第36页。
③ 《马克思恩格斯文集》第二卷，北京：人民出版社2009年版，第38页。
④ 《马克思恩格斯文集》第二卷，北京：人民出版社2009年版，第38页。

代而贬值，导致"所有这些阶级都降落到无产阶级的队伍里来了"①。无产阶级就是这样从当时社会的所有阶级中得到补充的。

当资本主义的社会结构因为贫富的日益极化而裂变为资产阶级和无产阶级之后，两大阶级之间的矛盾、对立就随之而来，阶级斗争就随之而来。

《共产党宣言》开宗明义地指出："至今一切社会的历史都是阶级斗争的历史。"自原始公社解体以来，社会就开始分裂为各个独特的、最终彼此对立的阶级。自由民和奴隶、贵族和平民、领主和农奴、行会师傅和帮工，等等。这种阶级的分化和对立，导致"压迫者和被压迫者，始终处于相互对立的地位，进行不断的、有时隐蔽有时公开的斗争，而每一次斗争的结局都是整个社会受到革命改造或者斗争的各阶级同归于尽"②。

在1879年9月16—18日，马克思和恩格斯《给奥·倍倍尔、威·李卜克内西、威·白拉克等人的通告信》中，仍然强调："将近40年来，我们一贯强调阶级斗争，认为它是历史的直接动力，特别是一贯强调资产阶级和无产阶级之间的阶级斗争，认为它是现代社会变革的巨大杠杆；所以我们决不能和那些想把这个

①　《马克思恩格斯文集》第二卷，北京：人民出版社2009年版，第39页。
②　《马克思恩格斯文集》第二卷，北京：人民出版社2009年版，第31页。

阶级斗争从运动中勾销的人们一道走。"①

在1883年3月14日马克思辞世后，恩格斯在《共产党宣言》中的《1883年德文版序言（1883年6月28日）》和《1888年英文版序言（1888年1月30日）》中，还两次集中而明确的阐明了《共产党宣言》的"基本思想"。在《1883年德文版序言》中，恩格斯就指出："贯穿《宣言》的基本思想：每一历史时代的经济生产以及必然由此产生的社会结构，是该时代政治的和精神的历史的基础；因此（从原始土地公有制解体以来）全部历史都是阶级斗争的历史，即社会发展各个阶段上被剥削阶级和剥削阶级之间、被统治阶级和统治阶级之间斗争的历史；而这个斗争现在已经达到这样一个阶段，即被剥削被压迫的阶级（无产阶级），如果不同时使整个社会永远摆脱剥削、压迫和阶级斗争，就不再能使自己从剥削它压迫它的那个阶级（资产阶级）下解放出来。"他并且强调，"这个基本思想完全是属于马克思一个人的"②。可见，自马克思主义诞生以来，阶级斗争的观点和学说就成为马克思主义尤其是科学社会主义理论的重要组成部分，是科学社会主义关于阶级、国家与革命的核心要义。

关于阶级斗争的路径和方式，《共产党宣言》提出，资产阶

---

① 《马克思恩格斯选集》第三卷，北京：人民出版社2012年版，第739页。
② 《马克思恩格斯文集》第二卷，北京：人民出版社2009年版，第9页。

级和无产阶级之间的阶级斗争是逐步升级的。最初是单个的工人，然后是某一工厂的工人，然后是某一地方的某一劳动部门的工人斗争。形式上先是捣毁机器，烧毁工厂，再到组织罢工、参与政治斗争乃至起义暴动，直至攻击资产阶级的生产关系。再到无产者组织成为阶级，从而组织成为政党，无产阶级作为大工业本身的产物，显示出在同资产阶级进行阶级斗争的一切阶级中，无产阶级才是"真正革命的阶级"①。因为，只有无产阶级所要发起的运动，是"绝大多数人的，为绝大多数人谋利益的独立的运动"②。

无产阶级要取得阶级斗争的胜利，必须组织自己的政党。《共产党宣言》阐明了无产阶级政党"和其他一切无产阶级政党的最近目的一样的：使无产阶级形成为阶级，推翻资产阶级的统治，由无产阶级夺取政权"③。《宣言》提出，工人革命的第一步就是"使无产阶级上升为统治阶级，争得民主"。此后，无产阶级将利用自己的政治统治，"一步一步地夺取资产阶级的全部资本，把一切生产工具集中在国家即组织成为统治阶级的无产阶级手里，并且尽可能快地增加生产力的总量"④。由于现代的资产阶

---

① 《马克思恩格斯文集》第二卷，北京：人民出版社2009年版，第41页。
② 《马克思恩格斯文集》第二卷，北京：人民出版社2009年版，第42页。
③ 《马克思恩格斯文集》第二卷，北京：人民出版社2009年版，第44页。
④ 《马克思恩格斯文集》第二卷，北京：人民出版社2009年版，第52页。

级私有制是建立在阶级对立上面、建立在雇佣劳动和资本剥削上面的产品生产和占有。因此，共产党人可以把自己的理论概括为一句话："消灭私有制。"①《共产党宣言》强调，在无产阶级所要发起的这些运动中，他们都强调"所有制问题是运动的基本问题，不管这个问题的发展程度怎样"②。因此，科学社会主义理论将无产阶级的阶级斗争的历史任务规定为消灭资本主义私有制，强调共产党人"到处都支持一切反对现存的社会制度和政治制度的革命运动"③。经由无产阶级的阶级斗争，《宣言》揭示了"两个必然"的历史规律："资产阶级的灭亡和无产阶级的胜利是同样不可避免的。"④这是在"唯物史观"和"剩余价值学说"这"两个发现"的基础上，科学地论证了社会主义代替资本主义的历史必然性。

在1847年，"社会主义"还被看作资产阶级的运动，而"共产主义"则是工人阶级的运动。因此，马克思和恩格斯为和其他形形色色的社会主义学说相区别，在他们所撰写的文献中多用"共产主义"称谓他们所创立的学说。直到1880年，恩格斯将《反杜林论》中的部分内容改写成《社会主义从空想到科学的发

---

① 《马克思恩格斯文集》第二卷，北京：人民出版社2009年版，第45页。
② 《马克思恩格斯文集》第二卷，北京：人民出版社2009年版，第66页。
③ 《马克思恩格斯文集》第二卷，北京：人民出版社2009年版，第66页。
④ 《马克思恩格斯文集》第二卷，北京：人民出版社2009年版，第43页。

展》。"科学社会主义"的概念才逐渐用于指代马克思和恩格斯所创立的马克思主义的共产主义学说。

马克思主义的科学社会主义理论自创立以后，就和哲学、政治经济学一起，成为马克思主义科学理论体系的三大组成部分。列宁在1913年3月《马克思主义的三个来源和三个组成部分》中，就指出，"马克思的哲学是完备的哲学唯物主义，它把伟大的认识工具给了人类，特别是给了工人阶级"[1]，"剩余价值学说是马克思经济理论的基石"[2]，而"马克思的天才就在于他最先从这里得出了全世界历史所提示的结论，并且彻底地贯彻了这个结论。这个结论就是阶级斗争学说"[3]。

通过《共产党宣言》等文献，马克思和恩格斯阐明了马克思主义的科学世界观、马克思主义政党的先进品格、马克思主义政党的政治立场、马克思主义政党的崇高理想、马克思主义的革命纲领以及马克思主义政党的国际主义精神等方面的思想。同时，他们揭示了人类社会发展的一般规律，揭示了资本主义社会发展的特殊规律和内在矛盾，揭示了资本主义必然灭亡和共产主义必然胜利的"两个必然"的历史规律，从而在根本上解决了人类社会的历史趋势、

---

① 《列宁选集》第二卷，北京：人民出版社2012年版，第311页。
② 《列宁选集》第二卷，北京：人民出版社2012年版，第312页。
③ 《列宁选集》第二卷，北京：人民出版社2012年版，第314页。

无产阶级的历史使命、无产阶级政党及其领导的革命运动的性质、方向和策略问题，从而使社会主义从空想变为科学。

三、不断革命：科学社会主义理论在实践中的验证和深化

1848年《共产党宣言》问世后，欧洲大陆的革命风暴很快掀起高潮。马克思和恩格斯亲自参加了这场革命，并将《共产党宣言》所阐述的理论运用于实际斗争，接受实践的检验。使科学社会主义理论在实践中不断得到验证和深化。

（一）分析总结1848年欧洲革命的经验教训

1848年1月，在意大利西西里岛首府巴勒莫，首先爆发了反抗国王费迪南多二世专制统治的革命。2月，德国慕尼黑的工人、市民、大学生发动起义。6月，法国巴黎的无产阶级因为"二月革命"中上台的资产阶级执行的政策损害了无产阶级的利益，再次进行武装起义。法国无产阶级还在革命中提出了响亮的口号："法兰西共和国！自由，平等，博爱！"[1]欧洲革命由此爆发。但由于资产阶级力量的相对强大，欧洲革命最终遭受失败。

---

[1]《马克思恩格斯文集》第二卷，北京：人民出版社2009年版，第86页。

对于1848年欧洲革命，马克思和恩格斯先后写出了《危机和反革命》《资产阶级和反革命》《1848年至1850年的法兰西阶级斗争》《共产主义者同盟中央委员会告同盟书》《德国农民战争》《德国的革命和反革命》《路易·波拿巴的雾月十八日》等一系列著作。在这些著作里，马克思和恩格斯总结了欧洲革命的经验教训，提出了关于无产阶级革命和无产阶级专政的诸多思想，丰富和发展了马克思主义的科学社会主义理论。

提出"革命是历史的火车头"①的观点。马克思和恩格斯认为，社会革命是阶级社会由低级向高级形态更替发展的决定性方式。在生产力和生产关系、经济基础和上层建筑发生矛盾冲突之际，只有通过社会革命，旧的国家政权才能被推翻，旧的生产关系才有可能被消灭。而无产阶级通过革命的锻炼和改造，将可以作为独立的力量走上政治舞台，成为建设新社会的主体力量。

提出用暴力推翻全部现存社会制度的革命策略。马克思和恩格斯认为，无产阶级革命将在几个主要资本主义国家里同时发生，并且采行暴力手段是最现实的，因为共产党人的"目的只有用暴力推翻全部现存的社会制度才能达到"②。尽管"革命不能故意地、随心所欲地制造"，它在任何地方和任何时候，都是不

---

① 《马克思恩格斯文集》第二卷，北京：人民出版社2009年版，第161页。
② 《马克思恩格斯文集》第二卷，北京：人民出版社2009年版，第66页。

以单个政党和整个阶级的意志和领导为转移的。但历史经验也表明，"几乎所有文明国家的无产阶级的发展都受到暴力压制，因而是共产主义者的敌人用尽一切力量引起革命"[①]。因此无产阶级选择暴力革命的道路也只能是被迫的。

提出"不断革命"的理论。马克思和恩格斯认为，无产阶级的阶级斗争就是一个不断革命的过程。他们在《1848年至1850年的法兰西阶级斗争》中明确指出，"社会主义就是宣布不断革命"[②]。他们在1850年3月的《共产主义者同盟中央委员会告同盟书》中也提到，无产阶级的利益和任务都要求"不断革命，直到把一切大大小小的有产阶级的统治全都消灭，直到无产阶级夺得国家政权，直到无产者的联合不仅在一个国家内，而且在世界一切举足轻重的国家内都发展到使这些国家的无产者之间的竞争停止，至少是发展到使那些有决定意义的生产力集中到了无产者手中"[③]时才行。他们认为，在资产阶级民主革命和无产阶级社会主义革命之间，不应该隔着一个和平时期，而应该"不断革命"，即在推翻封建统治后就将"革命"进行到底，同时在夺取政权建立无产阶级专政后，还要不断革命，直到消灭一切阶级差

---

① 《马克思恩格斯文集》第一卷，北京：人民出版社2009年版，第685页。
② 《马克思恩格斯文集》第二卷，北京：人民出版社2009年版，第166页。
③ 《马克思恩格斯文集》第二卷，北京：人民出版社2009年版，第192页。

别，消灭这些差别所由产生的一切生产关系和社会关系。

提出打碎资产阶级旧的国家机器、建立民主共和国的理论。马克思和恩格斯认为，无产阶级不能简单地夺取旧的国家机器并运用它来消灭私有制。无产阶级革命胜利后，需要建立无产阶级的民主共和国。首先，无产阶级革命"将建立民主的国家制度，从而直接或间接地建立无产阶级的政治统治"①。然后，无产阶级将运用专政权力，革除资本主义生产关系，建立社会主义生产关系。因为"如果不立即利用民主作为手段实行进一步的、直接向私有制发起进攻和保障无产阶级生存的各种措施，那么，这种民主对于无产阶级就毫无用处"②。同时，在1851—1852年的《路易·波拿巴的雾月十八日》中，马克思第一次提出打碎资产阶级国家机器的观点。由于历次资产阶级革命都没有动摇在君主专制时代形成的军事官僚机器，因此必须打破这一代表资产阶级专政的工具，才能建立无产阶级的民主共和国，为进入无阶级社会创造条件。这就阐明了马克思主义的国家学说。

提出实行无产阶级的阶级专政的理论。马克思和恩格斯认为，无产阶级必须实现自身的政治统治，才能为变革资本主义社会的所有制关系创造条件。马克思在1849年底至1850年11月的

---

① 《马克思恩格斯文集》第一卷，北京：人民出版社2009年版，第685页。
② 《马克思恩格斯文集》第一卷，北京：人民出版社2009年版，第685页。

《1848年至1850年的法兰西阶级斗争》中第一次明确提出了"无产阶级的阶级专政"，强调"这种社会主义就是宣布不断革命，就是无产阶级的阶级专政，这种专政是达到消灭一切阶级差别，达到消灭这些差别所由产生的一切生产关系，达到消灭和这些生产关系相适应的一切社会关系，达到改变由这些社会关系产生出来的一切观念的必然的过渡阶段"①。由此，马克思和恩格斯就阐明了通过无产阶级专政消灭阶级差别、变革生产关系和社会关系的历史任务。

提出建立无产阶级政党并保持自身独立性的重要性。马克思和恩格斯认为，无产阶级组织或政党应当保持自身的独立地位，而不应降低身份去充当资产阶级民主派的附庸。对于那种丧失自身独立性的联合应该坚决拒绝。取而代之的是，无产阶级政党应该谋求"在正式的民主派旁边建立一个秘密的和公开的独立工人政党组织，并且应该使自己的每一个支部都成为工人协会的中心和核心"②。这样，无产阶级的立场和利益问题才能够进行独立讨论而不受资产阶级影响，从而保持政治上、思想上、组织上的独立性。

提出扩大无产阶级革命的"同盟军"、建立"工农联盟"的理论。马克思和恩格斯认识到，如果无产阶级得不到农民的"合

---

① 《马克思恩格斯文集》第二卷，北京：人民出版社2009年版，第166页。
② 《马克思恩格斯文集》第二卷，北京：人民出版社2009年版，第193页。

唱",那么,"它在一切农民国度中的独唱是不免要变成孤鸿哀鸣的"①。他们由此强调工农联盟的紧迫性和必然性,在革命进程把农民和小资产者发动起来反对资产阶级统治之前,在他们认识到无产阶级是他们的先锋队而向它靠拢之前,"工人们是不能前进一步,不能丝毫触动资产阶级制度的"②。1856年4月16日,马克思给恩格斯写信时,又一次提道:"德国的全部问题将取决于是否有可能由某种再版的农民战争来支持无产阶级革命。"③因此,无产阶级团结一切可以团结的力量,进行阶级斗争的最现实手段就是建立"工农联盟"。

通过对1848年欧洲革命实践的经验总结,马克思和恩格斯提出并发展了有关"暴力革命"和"不断革命论"的思想,发展了打碎资产阶级旧的国家机器,保持无产阶级政党独立性,建立"工农联盟"等思想,从而使科学社会主义理论关于阶级斗争、革命和专政的观点得到了进一步丰富和发展。

(二)创建并领导第一国际的革命实践

19世纪50—60年代,无产阶级革命运动在沉寂了10余年之

---

① 《马克思恩格斯文集》第二卷,北京:人民出版社2009年版,第573页。
② 《马克思恩格斯文集》第二卷,北京:人民出版社2009年版,第89页。
③ 《马克思恩格斯文集》第十卷,北京:人民出版社2009年版,第131页。

后再次进入高潮。新的革命形势对无产阶级的阶级斗争提出了联合行动的更高要求，"国际工人协会"（第一国际）应运而生。马克思和恩格斯则在参与创建第一国际的革命实践中，发展了工人阶级国际联合的思想，使科学社会主义在无产阶级革命实践中继续发展。

1864年9月28日，英国工联在伦敦朗-爱克街的圣马丁堂召开了群众大会，决定建立一个国际性的工人协会，作为各国工人团体的联络机关。组织的名称定为国际工人协会，史称"第一国际"。马克思和恩格斯为第一国际起草了《国际工人协会成立宣言》和《协会临时章程》，确立了第一国际的目标宗旨和政治路线、组织路线，制定了国际工人运动的革命纲领和战略策略。

关于第一国际的目标宗旨，马克思明确了第一国际组织无产阶级开展阶级斗争的目的是争取"工人阶级的经济解放"。"工人阶级的解放应该由工人阶级自己去争取；工人阶级的解放斗争不是要争取阶级特权和垄断权，而是要争取平等的权利和义务，并消灭任何阶级统治。"①但是，这种政治斗争仍然只是手段，因为"劳动者在经济上受劳动资料即生活源泉的垄断者的支配，是一切形式的奴役即一切社会贫困、精神屈辱和政治依附的

---

① 《马克思恩格斯全集》第二十一卷，北京：人民出版社2003年版，第16页。

基础"，因而"工人阶级的经济解放是一切政治运动都应该作为手段服从于它的伟大目标"①，这就明确了无产阶级的阶级斗争在经济上的根本诉求。

关于第一国际的政治路线，马克思明确无产阶级夺取政权建立无产阶级专政的政治诉求。他强调，要想"进行全面的社会变革，也就是社会的全面状况的变革。除非把社会的有组织的力量即国家政权从资本家和地主手中转移到生产者自己手中，否则这种变革决不可能实现"②。历史经验证明，要把社会生产变为一个由合作的自由劳动构成的和谐的大整体，不可能在资产阶级国家机器的统治下实现，而只能在无产阶级专政下实现。这就明确了无产阶级的阶级斗争在政治上的根本诉求。

关于国际工人运动的组织路线，马克思为第一国际确立了基于民主原则的组织路线。1864年的《协会临时章程》规定，加入国际协会的各国工人团体，可以"在彼此结成兄弟般合作的永久联盟的同时，完全保存自己原有的组织"③。1866年修改后的《国际工人协会章程和条例》中，也规定"国际工人协会

---

① 《马克思恩格斯全集》第二十一卷，北京：人民出版社2003年版，第16页。

② 《马克思恩格斯全集》第二十一卷，北京：人民出版社2003年版，第271页。

③ 《马克思恩格斯全集》第二十一卷，北京：人民出版社2003年版，第18页。

的每个会员都有选举权和被选举权"，"在代表大会上每个代表只有一票表决权"[1]，以充分体现团结和民主的原则。实际上，这一原则早在1847年12月共产主义者同盟第二次代表大会上通过的《共产主义者同盟章程》中，就体现了出来，"组织本身是完全民主的，它的各委员会由选举产生并随时可以罢免，仅这一点就已堵塞了任何要求独裁的密谋狂的道路"[2]。组织的各级领导人也必须通过民主选举产生，"一切都按这样的民主制度进行"[3]。同时，马克思也强调了民主原则基础上必要的集中，"没有无权利的义务，也没有无义务的权利"[4]。因此，修改后的《国际工人协会章程和条例》规定，为了发挥联合行动的战斗力，国际应当保持适当的集中和统一行动，而国际的各个支部尽管有权根据当地条件和本国宪法的特点拟定各自的条例和章程，但"其内容不得与共同章程和条例有任何抵触"[5]。《国际工人协会章程》并设定了国际的领导机关是"总委员会"，

---

[1] 《马克思恩格斯全集》第二十一卷，北京：人民出版社2003年版，第538页。

[2] 《马克思恩格斯文集》第四卷，北京：人民出版社2009年版，第236页。

[3] 《马克思恩格斯文集》第四卷，北京：人民出版社2009年版，第236页。

[4] 《马克思恩格斯全集》第二十一卷，北京：人民出版社2003年版，第535页。

[5] 《马克思恩格斯全集》第二十一卷，北京：人民出版社2003年版，第538页。

规定国际的最高权力机关是"全协会代表大会"。为了保证国际为共同利益而统一行动,马克思赋予总委员会以必要的全权。每个支部或支部联合会均须提前向总委员会递交工作报告,总委员会再汇总向代表大会作总报告。如果紧急且必要,总委员会也可以选择提前召开代表大会。这就反映了马克思致力于将民主和集中、联合和自治结合起来的组织思想。

从1864—1876年,第一国际存续期间,国际外部面临资产阶级的诋毁污蔑和肆意打击,国际内部面临各种错误的思潮论战和宗派主义的派别纷争。马克思和恩格斯主要开展了国际内部的反对蒲鲁东主义的斗争,反对工联主义和拉萨尔主义的斗争,反对巴枯宁主义的斗争等。通过对这些错误的思潮和流派的辨析与斗争,马克思和恩格斯捍卫了无产阶级国际联合的正确主张,发展了科学社会主义支持工人阶级的政治斗争、支持无产阶级实行革命专政、支持亚非拉民族解放运动等主要观点,并最终使他们所创立的学说成为第一国际和无产阶级的指导思想。

(三)支持和指导巴黎公社的革命斗争

1871年3月18日,法国首都巴黎爆发了工人武装起义,推翻了资产阶级统治,建立了人类历史上第一个无产阶级的政权——巴黎公社。从1871年3月18日至5月28日,虽然巴黎公社只存在短短 72 天，但巴黎公社作为无产阶级专政的第一次尝试，为后来的无产阶级革命运动提供了宝贵的经验教训。

巴黎工人起义后，马克思和恩格斯领导的第一国际就对巴黎公社的革命运动给予大力支持和理论指导。巴黎公社存续期间，马克思和恩格斯又对公社的斗争策略、革命措施等给予了很多的指导，并为巴黎公社进行辩护。巴黎公社失败后，马克思和恩格斯则积极参与公社社员的营救活动，并及时总结了革命的经验教训。

巴黎公社一宣布成立，马克思就开始搜集有关公社活动的各种材料，并建议第一国际总委员会发表一篇告全体会员的宣言。受总委员会的委托，马克思起草了这一宣言。1871 年 5 月，《法兰西内战——国际工人协会总委员会宣言》发表。这是总结巴黎无产阶级革命历史经验，阐述阶级斗争、国家、无产阶级革命和无产阶级专政学说的科学社会主义的重要著作。

第一，马克思和恩格斯再次强调了掌握革命武装、运用革命暴力"打碎"资产阶级国家机器的重要性。实际上，早在总结 1848 年革命的经验教训时他们就已经提出了这一观点，而巴黎公社的实践更加印证了这一观点的重要性。马克思和恩格斯提出，现代工业的进步促使资本和劳动之间的阶级对立和阶级斗争日益激烈。而国家政权在性质上却越来越"变成了资本借以压迫劳动的全国政权，变成了为进行社会奴役而组织起来的社会力量，变成了阶级专制的机器"①。因此，无产阶级必须把"窃据社会主人地位而不是为社会做公仆的政府权力打碎"②，必须"用他们自己的政府机器去代替统治阶级的国家机器、政府机器"③，这就实践了马克思和恩格斯提出的实行无产阶级专政的思想。同时，资产阶级国家机器的强大，也使马克思和恩格斯认识到掌握革命武装的重要性，"必须先建立无产阶级专政，其首要条件就是无产阶级的大军。工人阶级必须在战场上赢得自身解放的权利"④。只有建立革命的武装，才能推翻资产阶级的反动统治，才能巩固革命的胜利果实。因此，革命武装是无产阶级革命取得胜利的根本保证。

第二，马克思和恩格斯充分肯定了巴黎公社采取的一系列革命性的民主措施。诸如，公社强调代表和维护劳动群众的利益，由人民直接行使权力。公社明确其权力机构和人民代表由选举产生，对选民负责，并可随时撤换。公社提出武装力量要按民主原则组织，司法机关的官吏要由选举出来的法官取代，等等。马克思和恩格斯充分肯定了公社的这些创新性原则，强调"即使公社

① 《马克思恩格斯文集》第三卷，北京：人民出版社2009年版，第152页。
② 《马克思恩格斯文集》第三卷，北京：人民出版社2009年版，第194页。
③ 《马克思恩格斯文集》第三卷，北京：人民出版社2009年版，第207页。
④ 《马克思恩格斯文集》第三卷，北京：人民出版社2009年版，第619页。

被打败，斗争也只是推迟而已。公社的原则是永存的，是消灭不了的；这些原则将一再凸显出来，直到工人阶级获得解放"①。

第三，马克思和恩格斯充分肯定了公社用普选制替代等级特权制、用低薪制替代官僚特权制的重要意义。对于巴黎公社实现的普选制，马克思和恩格斯认为，"普选权不是为了每三年或六年决定一次由统治阶级中什么人在议会里当人民的假代表，而是为了服务于组织在公社里的人民"②，尤其是"公社一举而把所有的公职——军事、行政、政治的职务变成真正工人的职务"③，而不再是被特殊阶层或利益集团所私有的统治工具。这用普选制替代了等级特权制，是公社留给无产阶级的一个永存的原则——真正的民主原则。马克思和恩格斯认为，取消支付给官吏的一切办公费和一切金钱上的特权，把国家所有公职人员的薪金减到"工人工资"的水平。这就用低薪制替代官僚特权制，既体现了无产阶级"经济平等"的原则，又有效防止了官吏由"社会公仆"异化为"社会主人"。

通过总结了巴黎无产阶级的经验教训，马克思和恩格斯高度评价巴黎公社"实质上是工人阶级的政府，是生产者阶级同占有

---

① 《马克思恩格斯文集》第三卷，北京：人民出版社2009年版，第607页。
② 《马克思恩格斯文集》第三卷，北京：人民出版社2009年版，第156页。
③ 《马克思恩格斯文集》第三卷，北京：人民出版社2009年版，第197页。

者阶级斗争的产物，是终于发现的可以使劳动在经济上获得解放的政治形式"[①]。他们在支持和指导巴黎公社的斗争实践中，继续丰富和发展了马克思主义关于阶级斗争、无产阶级革命和无产阶级专政的学说。

本章小结

17—18世纪科技革命和工业革命所带来的人类社会的巨大变革，这种变革又导致资本主义社会化大生产迅猛发展，这为马克思主义的科学社会主义学说的诞生创造了历史条件。资本主义生产社会化和生产资料私人占有之间的内在矛盾不断激化，资本主义经济危机的周期性爆发，资本主义社会贫富分化的日益严重，导致社会结构两极分化，资产阶级和无产阶级两大阶级的矛盾日益尖锐，阶级斗争随之产生并从自发向自觉、经济向政治的斗争方向不断演进，最终使无产阶级作为一支独立的政治力量登上了历史舞台，这为马克思主义的科学社会主义学说的诞生创造了社会条件。在批判地吸收了德国古典哲学、英国古典政治经济学，尤其是法英空想社会主义学说基础上，马克思和恩格斯对所处的时代和世界进行了深入考察，从而能有"对人类社会发展规

[①] 《马克思恩格斯文集》第三卷，北京：人民出版社2009年版，第158页。

律的深刻把握"①，提出适应时代和历史发展要求的崭新学说，这是马克思主义诞生的思想来源。

通过《共产党宣言》等文献，马克思和恩格斯阐明了唯物史观、阶级斗争、无产阶级历史使命、共产主义新社会、人的全面发展、世界市场等重要思想，在根本上解决了人类社会的历史趋势、无产阶级的历史使命、无产阶级政党及其领导的革命运动的性质、方向和策略问题，从而使社会主义从空想变为科学。

1848年欧洲革命爆发后，马克思和恩格斯通过对1848年欧洲革命实践的经验总结，提出并发展了有关"暴力革命"和"不断革命论"的思想，发展了打碎资产阶级旧的国家机器、建立民主共和国、实行无产阶级专政，保持无产阶级政党独立性并建立革命的同盟军等思想，从而使"无产阶级革命"和"无产阶级专政"的思想得到了进一步丰富和发展。

在参与创建第一国际的革命实践中，马克思和恩格斯确立了第一国际的目标宗旨和政治路线、组织路线，制定了国际工人运动的革命纲领和战略策略。在支持指导第一国际的革命实践中，马克思和恩格斯总结了巴黎公社的经验教训，继续丰富和发展了马克思主义关于阶级斗争、无产阶级革命和无产阶级专政的学说。

---

① 习近平：《在纪念马克思诞辰200周年大会上的讲话》，北京：人民出版社2018年版，第7页。

　　总之，无论是参与和指导1848年的欧洲革命运动、第一国际的革命运动、亚非拉民族解放运动，以及巴黎公社的革命运动，马克思和恩格斯都在坚持基本原理和基本思想的基础上，注意将自己创立的科学社会主义理论与无产阶级革命运动的实践相结合，从而不断丰富和发展了科学社会主义理论，使无产阶级的阶级斗争和革命运动继续发展。

第二章

科学社会主义从理论到实践

——列宁斯大林探索社会主义现实路径

列宁是伟大的无产阶级革命家、马克思主义理论家、苏联共产党和苏维埃社会主义国家的主要创建人、全世界无产阶级和劳动人民的革命导师。他在资本主义发展到帝国主义阶段的大历史时代，坚持把马克思主义基本原理同俄国具体实际相结合，探究和揭示了帝国主义的内在规律。他领导广大人民群众夺取了十月社会主义革命的胜利，创建了世界上第一个社会主义国家，使科学社会主义从理论变为现实，开启了人类历史发展的新纪元。他依据新的时代特征和实践需要，总结和发展了关于无产阶级革命、无产阶级专政和社会主义建设的经验，提出了许多新的战略思想和理论观点。他针对俄国革命和建设的实际，建立和发展了无产阶级新型政党的理论和实践。列宁在资本主义和无产阶级的阶级斗争进入帝国主义时代的新条件下向前发展了马克思主义，并通过马克思主义的俄国化，坚持、发展、践行和推广了马克思主义，从而将马克思主义发展到列宁主义阶段。斯大林1924年在斯维尔德洛夫大学以《论列宁主义基础》为题进行讲演时，曾将列宁主义定义为"帝国主义和无产阶级革命时代的马克思主义"[①]。在他之后，斯大林继续对苏联社会主义建设进行实践探索，总结和发展了关于社会主义建设的经验，在马克思列宁主义的基础上，继续丰富和发展了科学社会主义的理论和实践。

一、国家与革命：世界第一个社会主义国家建立

"时代是思想之母，实践是理论之源"[②]，"一个时代有一个时代的问题，一代人有一代人的使命"[③]。世界资本主义发展到19世纪末和20世纪初，已经从自由竞争阶段发展到垄断阶段。资本主义的生产方式由自由竞争引起生产集中，发展到一定阶段就自然会引起垄断，这是资本主义经济发展的客观规律。进入垄断阶段的资本主义社会矛盾更加激化，资产阶级和无产阶级的阶级斗争更加激烈，如何在垄断资本主义阶段开展阶级斗争，取得无产阶级革命的胜利，就成为这个时代的时代问题。

列宁运用马克思主义基本原理，在总结《共产党宣言》和《资本论》问世半个世纪以来世界资本主义的新变化，提出了资

[①] 《斯大林选集》上卷，北京：人民出版社1979年版，第185页。
[②] 习近平：《习近平谈治国理政》第三卷，北京：外文出版社2020年版，第21页。
[③] 习近平：《习近平谈治国理政》第三卷，北京：外文出版社2020年版，第193页。

本主义已经发展到一个新的阶段——帝国主义阶段的重大论断，并对帝国主义阶段的无产阶级革命道路和专政方式进行了思考，回答了帝国主义时代关于无产阶级的斗争、革命和专政的时代问题。

《帝国主义是资本主义的最高阶段》（简称《帝国主义论》）是列宁于1916年上半年撰写的系统阐述帝国主义理论的著作。在书中，列宁分析了资本主义从自由竞争发展到垄断之后新出现的各种经济和政治问题，指出了帝国主义的本质和特征，揭示了帝国主义的内在规律和发展趋势，从而为无产阶级分析时代、解答问题提供了思想武器。

列宁指出，资本主义最典型的特点之一，就是工业蓬勃发展，生产集中于愈来愈大的企业的过程进行得非常迅速。他以德国、美国为例，从工人、生产资料和产量三个方面分析了生产集中的情况。例如在德国，每1000个工业企业中，雇用工人50人以上的大企业，1882年有3个，1907年有9个；在大企业工作的每100个工人中，1882年有22个，1907年就有37个。在蒸汽力和电力使用方面，不到1%的企业，竟占有3/4以上的蒸汽力和电力，而占总数91%的企业，即297万个雇佣工人不超过5人的小企业，却只占有7%的蒸汽力和电力。美国所有企业的全部产值，差不多有一半掌握在仅占企业总数1%的企业手里，而这

3000个大型企业包括258个工业部门。从欧美企业发展的趋势可见，"集中发展到一定阶段，可以说就自然而然地走到垄断"①。列宁解释说，因为几十个大型企业彼此之间容易达成协议；另一方面，正是企业的规模巨大造成了竞争的困难，从而产生了垄断的趋势。此外，生产集中之所以会得到迅速发展，还有两方面的重要因素：其一，第二次产业革命对生产技术的巨大推动；其二，严重的经济危机的连续爆发。这种"从竞争到垄断的转变，不说是最新资本主义经济中最重要的现象，也是最重要的现象之一"②。可以说，垄断正是"资本主义发展的最新阶段"③的最新成就。

列宁指出："对自由竞争占完全统治地位的旧资本主义来说，典型的是商品输出。对垄断占统治地位的最新资本主义来说，典型的则是资本输出。"④资本输出是在20世纪初期才大大发展起来的。英法德三个主要资本主义国家的国外投资在一战前就已经达到1750亿—2000亿法郎。即便按5%的低利率计算，这笔款额的收入一年也达80亿—100亿法郎。这就是"帝国主义压迫和剥削世界上大多数民族和国家的坚实基础，这就是极少数最

① 《列宁选集》第二卷，北京：人民出版社2012年版，第585页。
② 《列宁选集》第二卷，北京：人民出版社2012年版，第585页。
③ 《列宁选集》第二卷，北京：人民出版社2012年版，第597页。
④ 《列宁选集》第二卷，北京：人民出版社2012年版，第626页。

富国家的资本主义寄生性的坚实基础"①。

　　资本输出占尽先机的资本主义国家把世界瓜分了。资本家的垄断同盟卡特尔、辛迪加、托拉斯，首先瓜分了国内市场。但是资本主义早已造成了世界市场，因而国内市场也早已同国外市场相联系。随着资本输出的最大垄断同盟的国外联系、殖民地联系及其"势力范围"的扩大，这些垄断同盟就"自然地"形成国际卡特尔，走向达成瓜分世界的协议。这是"全世界资本和生产集中的一个新的、比过去高得多的阶段"②。国际卡特尔表明了资本主义垄断组织已经发展到了怎样极端的程度。不仅如此，资本家同盟之间在从经济上瓜分世界的基础上形成了一定的经济关系的同时，就开始形成政治关系并建立起政治同盟。因此，垄断资本主义的基本特点就是"最大企业家的垄断同盟的统治"③。随着垄断资本主义对原料的竞争以及追逐全世界原料产地的斗争愈尖锐，抢占殖民地的斗争也就愈激烈，这就导致资本家同盟对殖民政策的加强，以及争夺殖民地斗争的尖锐化，从而具备了帝国主义的两大特点：在世界市场上占垄断地位，拥有广大的殖民地。

　　在分析了资本主义从竞争向垄断过渡的历史进程后，列宁明

---

① 《列宁选集》第二卷，北京：人民出版社2012年版，第628页。
② 《列宁选集》第二卷，北京：人民出版社2012年版，第631页。
③ 《列宁选集》第二卷，北京：人民出版社2012年版，第645页。

确定义了"帝国主义是资本主义的垄断阶段"①。他并且明确指出了帝国主义的五个基本特征：

（1）生产和资本的集中发展到这样高的程度，以致造成了在经济生活中起决定作用的垄断组织；（2）银行资本和工业资本已经融合起来，在这个"金融资本的"基础上形成了金融寡头；（3）和商品输出不同的资本输出具有特别重要的意义；（4）瓜分世界的资本家国际垄断同盟已经形成；（5）最大资本主义大国已把世界上的领土瓜分完毕。②

在此基础上，列宁进一步概括了帝国主义的性质，"帝国主义是发展到垄断组织和金融资本的统治已经确立、资本输出具有突出意义、国际托拉斯开始瓜分世界、一些最大的资本主义国家已把世界全部领土瓜分完毕这一阶段的资本主义"③。

列宁同时指出了帝国主义所特有的寄生性和腐朽性。帝国主义最深厚的经济基础就是垄断和资本输出，这使食利者阶层可以完全脱离了生产，在不参与任何企业经营的情况下依靠"剪息票"为生，从而给那种靠剥削几个海外国家和殖民地的劳动为生的整个国家打上了寄生性的烙印。帝国主义形成"食利国""高

---

① 《列宁选集》第二卷，北京：人民出版社2012年版，第650页。
② 参见《列宁选集》第二卷，北京：人民出版社2012年版，第651页。
③ 《列宁选集》第二卷，北京：人民出版社2012年版，第651页。

利贷国"的趋势愈益显著，世界也由此分为了极少数的"食利国""高利贷国"和极大多数"债务国"。

列宁指出，帝国主义就其"经济实质来说，是垄断资本主义"①。其在政治上的特点，则是"由金融寡头的压迫和自由竞争的消除引起的全面的反动和民族压迫的加强"②。由于"垄断，寡头统治，统治趋向代替了自由趋向，极少数最富强的国家剥削愈来愈多的弱小国家"等特点，就导致了帝国主义成为"寄生的或腐朽的资本主义"③。

帝国主义为了保持世界市场上的垄断地位，大肆侵占和掠夺亚非拉的广大殖民地和半殖民地，在世界瓜分完毕之际，帝国主义列强不惜挑起战争，企图重新瓜分世界。广大无产阶级和劳动群众在帝国主义的剥削和压迫之下处于饥寒交迫、水深火热的境地。

哪里有压迫，哪里就有反抗。1914年7月第一次世界大战的爆发，把帝国主义列强和资产阶级的一切矛盾推向了白热化阶段，这就直接引发了欧洲无产阶级的革命风暴。可以说，"帝国主义是无产阶级社会革命的前夜"④。

---

① 《列宁选集》第二卷，北京：人民出版社2012年版，第683页。
② 《列宁选集》第二卷，北京：人民出版社2012年版，第671页。
③ 《列宁选集》第二卷，北京：人民出版社2012年版，第684页。
④ 《列宁选集》第二卷，北京：人民出版社2012年版，第582页。

哪里压迫最严重，哪里反抗就最激烈。在沙皇俄国，其各阶级社会矛盾和阶级斗争的程度比欧洲其他国家更为激烈，孕育革命的程度也比欧洲其他国家更为成熟。俄国相对于欧洲列强而言是一个政治、经济比较落后的国家。尽管自1861年农奴制废除后，俄国资本主义的发展得以提速并在20世纪初过渡到帝国主义阶段。但是，俄国的垄断组织尚未发展到高级形式——托拉斯，对其他帝国主义国家还具有较大的依附性，而且还存在大量的农奴制残余。因此，俄国相对于其他帝国主义国家来说仍是落后的，而且其农奴制残余，更加深了俄国的腐朽性。因此，革命有可能在这个帝国主义国家的薄弱链条上率先爆发。

此时的俄国社会矛盾重重。在经济上，存在着迅速发展的社会生产力与资本主义生产关系的矛盾，还存在着农奴制残余与发展资本主义的矛盾。在政治上，存在着无产阶级同资产阶级的矛盾、农民同地主的矛盾、各族群众同沙皇专制主义的矛盾，还存在着国内各被压迫民族同大俄罗斯沙文主义的矛盾，俄国各族人民同外国帝国主义的矛盾，等等。俄国成了当时帝国主义一切矛盾的集合点。其中，各族群众同沙皇专制主义的矛盾是主要矛盾，这使得俄国面临的首要任务是进行资产阶级民主革命。

　　列宁指出，之所以首先要进行资产阶级民主革命，是因为"在像俄国这样一些国家里，工人阶级与其说是苦于资本主义，不如说是苦于资本主义发展得不够"①。资本主义的最广泛、最自由、最迅速的发展，有助于消灭一切妨碍资本主义迅速发展的旧时代的残余。资产阶级革命正是要最坚决地扫除旧时代的残余，即农奴制的残余以及沙皇专制主义的残余。因此，资产阶级革命对无产阶级是极其有利的。资产阶级革命进行得愈充分，愈坚决，愈彻底，将来为争取社会主义，无产阶级同资产阶级进行的斗争就愈有保证。因此，列宁强调："只有不懂得科学社会主义的起码常识的人，才会觉得这是一个新的或者是奇怪的、荒诞的结论。"总之，"资产阶级革命对无产阶级要比对资产阶级更加有利"②。

　　1917年3月，俄国爆发了二月革命。这个资产阶级革命推翻了统治俄国长达300多年的罗曼诺夫王朝，结束了沙皇专制制度的统治。同时，革命中建立了资产阶级临时政府和工人代表苏维埃，形成了资产阶级政权和苏维埃政权并存的局面。但主要是资产阶级临时政府掌握着主要权力。资产阶级政权因其本身的阶级性质而执行了继续反人民的对外政策，并力图扑灭国内的革命火

---

① 《列宁选集》第一卷，北京：人民出版社2012年版，第556页。
② 《列宁选集》第一卷，北京：人民出版社2012年版，第556页。

焰。列宁在1917年3月的《远方来信》中指出："世界帝国主义大战所引起的第一次革命已经爆发了。这第一次革命想必不会是最后一次革命。"①现在，资产阶级临时政府不可能给人民和平，因为它是"主战的政府，是继续进行帝国主义大厮杀的政府，是从事掠夺的政府"。这个政府也不可能给人民面包，因为它是"资产阶级的政府"。这个政府不可能给人民自由，因为它是"地主和资本家的政府，它畏惧人民，并且已经开始勾结罗曼诺夫土朝了"。因此，无产阶级不应当满足于革命的第一阶段，他们应该显示出"无产阶级和全体人民组织的奇迹，以便为革命第二阶段的胜利作好准备"②。

针对一些机会主义者认为无产阶级革命尚不成熟，仍需支持资产阶级革命的论调，列宁进行了批驳，并在此基础上，提出了"一国胜利"的理论。

列宁认为，俄国社会矛盾的日益尖锐并交织在一起，使俄国成为帝国主义世界体系中的薄弱一环。而无产阶级在二月革命以及此前历次革命中所经过的历练、所展示的力量，也使俄国具备了进行社会主义革命的客观条件。俄国无产阶级不仅深受垄断资产阶级而且深受沙皇专制制度的双重压迫，革命的斗志和激情使

① 《列宁选集》第三卷，北京：人民出版社2012年版，第1页。
② 《列宁选集》第三卷，北京：人民出版社2012年版，第11页。

俄国具备了进行社会主义革命的主观条件。此外，俄国还较早建立了一个坚强的布尔什维克党，使俄国具备了领导无产阶级进行社会主义革命的组织条件。因此，俄国完全有条件成为世界上第一个以革命方式冲破帝国主义薄弱链条，消灭资本主义制度，取得社会主义革命胜利的国家。

在这一理论的指导下，列宁及其领导的布尔什维克党抓住1917年二月革命后的有利时机，积极推动无产阶级向革命的第二阶段前进。

1917年11月7日，俄国十月革命爆发。6日，列宁秘密来到起义总指挥部——斯莫尔尼宫领导武装起义。阿芙乐尔号巡洋舰上的士兵率先向资产阶级临时政府所在的冬宫开炮。革命士兵和起义工人很快就占领了彼得格勒的各个战略要地。革命军事委员会同时散发了列宁起草的《告俄国公民书》，宣布临时政府已被推翻，政权转归苏维埃。紧接着，全俄工兵代表苏维埃第二次代表大会在斯莫尔尼宫开幕，大会首先通过了列宁起草的《告工人、士兵和农民书》，宣告"全部地方政权一律转归当地的工兵农代表苏维埃，各地苏维埃应负责保证真正的革命秩序"[1]。苏维埃政权同时宣布：将向各国人民提议立即缔结民主和约，在各条

---

① 《列宁选集》第三卷，北京：人民出版社2012年版，第339页。

战线上停战并使军队彻底民主化，将保证把地主、皇族和寺院的土地无偿地交给农民委员会处置。同时，苏维埃政权将规定工人监督生产，保证按时召开立宪会议并保证俄国境内各民族都享有真正的自决权，等等。

十月革命的胜利是世界历史上划时代的重大事件，是一个国家建立社会主义制度的第一次成功实践。十月革命验证了社会主义可能在一国或数国首先取得胜利的社会主义革命的理论，实现了社会主义从理想到现实、从理论到实践的伟大飞跃。在列宁和布尔什维克党的领导下，俄国无产阶级和劳动群众通过武装斗争，将资产阶级的民主革命转变为社会主义革命，打碎了旧的资产阶级国家机器，建立了无产阶级专政的苏维埃制度。在十月革命后，俄国实行无产阶级专政，颁布宪法性文件，初步建立社会主义性质的经济、政治、文化等制度，在人类历史上第一次建立了社会主义国家，使社会主义从理论设想变为现实制度。此后，苏联共产党领导人民充分发挥社会主义经济、政治、文化等制度的优势，开启了世界历史上从未有过的新的现代化模式，仅用短短几十年的时间就改变了几个世纪以来俄国贫穷、饥荒的落后面貌。

"十月革命一声炮响，给中国送来了马克思列宁主义。"[①]在

---

① 习近平：《在庆祝中国共产党成立100周年大会上的讲话》，北京：人民出版社2021年版，第3页。

马克思列宁主义同中国工人运动的紧密结合中，中国共产党应运而生。中国产生了共产党，这是开天辟地的大事变，中国革命的面貌从此焕然一新，走上了建设社会主义、实现中华民族伟大复兴的康庄大道。在十月革命的影响下，社会主义也成为许多国家赢得民族独立、解放和发展的重要选择。一些国家先后进行社会主义革命、走上社会主义道路，殖民地半殖民地国家的民族解放运动风起云涌，瓦解了世界范围内的帝国主义殖民体系，国际力量对比和世界格局由此而改变。

二、新经济政策：社会主义制度在俄国的建立与发展

1918—1920年，新兴的苏维埃政权面临国外帝国主义列强和国内资产阶级和封建残余势力的多重进攻，不得不在严酷的环境中实行战时共产主义政策。在列宁和布尔什维克党的坚强领导下，经过艰苦斗争，到1921年，国内外环境基本改善，苏维埃政权基本巩固。为恢复和发展国民经济、逐步向社会主义过渡，列宁开始探索并实施了一系列新的经济政策。新经济政策就是列宁探索社会主义建设新道路、新方法的伟大实践。

1917年十月革命后的1918年春，列宁就向布尔什维克党提出要加紧进行社会主义改造和经济建设，并制定了社会主义经济建设的初步计划。然而，帝国主义列强和资产阶级、地主阶级等

反革命势力不断策划和组织的武装叛乱和保卫封锁，使苏维埃政权面临粮食奇缺、原材料和燃料匮乏等巨大的困难。苏维埃政权被迫推迟社会主义建设计划，转而采取了特殊条件下的临时措施和特殊政策——战时共产主义政策。

战时共产主义政策的临时措施和特殊政策主要包括：（1）实行余粮收集制，强制征收农民维持生存量之外的所有粮食；（2）实行实物配给制，食物与商品集中计划配给；（3）所有的大中型工业企业实施国有化，中小企业则实行统计和监督；（4）取消私人贸易和商业，在全国范围内组织生产公社和消费公社，实行有计划地产品交换；（5）实行劳动义务制和劳动军事化，贯彻"不劳动者不得食"的原则；（6）对工人采取严格的管理制度，罢工者即行枪决。这些措施捍卫了苏维埃政权，保卫了革命的胜利果实，在当时严峻的形势下发挥了重要作用。正如列宁所言，在"我们当时所处的战争条件下，这种政策基本上是正确的"[①]。但这种极端的措施也显示了消极后果。到1921年春，列宁和布尔什维克党就"已经很清楚了，我们用'强攻'办法即用最简单、迅速、直接的办法来实行社会主义的生产和分配原则的尝试已告失败"[②]。

---

① 《列宁全集》第四十一卷，北京：人民出版社2017年版，第71页。
② 《列宁全集》第四十二卷，北京：人民出版社2017年版，第236—237页。

1921年3月，列宁在俄共（布）第十次代表大会上作《关于以实物税代替余粮收集制的报告》时就指出，在理论上，胜利了的无产阶级应当领导农民向社会化的、集体的劳动过渡，但是在实践上，这却是行不通的。只有在农业雇佣工人阶级比较成熟的发达资本主义国家里，才能够从资本主义直接向社会主义过渡。而"在一个小农生产者占人口大多数的国家里，实行社会主义革命必须通过一系列特殊的过渡办法"①。对于"能不能在一定的程度上给小农恢复贸易自由、资本主义自由而不至于因此破坏无产阶级政权的根基呢？"列宁认为，"能够，因为问题在于掌握分寸"②。实物税的实行标志着战时共产主义政策向新经济政策过渡的开始。

1921年5月，俄共（布）第十次全国代表会议一致通过了列宁起草的《关于新经济政策问题的决议草案》。这是列宁第一次明确提出"新经济政策"的思想和原则。他提出，"应当把商品交换提到首要地位，把它作为新经济政策的主要杠杆"，"保证合作社有广泛的可能进行收购工作"③，"允许把国家企业租给私人、合作社、劳动组合和协作社"，"扩大每个大企业在支配资

---

① 《列宁全集》第四十一卷，北京：人民出版社2017年版，第50页。
② 《列宁全集》第四十一卷，北京：人民出版社2017年版，第55页。
③ 《列宁全集》第四十一卷，北京：人民出版社2017年版，第333页。

金和物资方面的独立程度和首创精神"①，等等。到1921年12月"党代表会议和苏维埃第九次代表大会以后，新经济政策已经十分清楚、十分明确地规定下来了"②。

新经济政策的主要内容包括：

（1）实行粮食税。俄国恢复和发展国民经济的基础和关键在农业。1921年春战争结束后，迅速恢复和发展国民经济，改善工人农民生产状况，改革粮食政策迫在眉睫。列宁提出："在小农国家内实现本阶级专政的无产阶级，其正确政策是要用农民所必需的工业品去换取粮食。"③因为只有这样的粮食政策才能适应无产阶级的任务、才能巩固社会主义的基础。但是，社会主义大工厂的生产中，现在却拿不出小农所需要的全部产品来向小农交换粮食和原料。因此，目前只能把"最必需（对军队和工人来说）的粮食作为税收征来，其余的粮食我们将用工业品去交换"④。这样，农民在完成国家征收的粮食后，剩下的粮食就可以拿到市场上去自由交易，换回自己需要的工业品。这一政策减轻了农民负担，改善了农民生活自然就提高了农民耕种的积极性。实行粮食税的实质，就是解决工人阶级对待农民的态度和工农关

---

① 《列宁全集》第四十一卷，北京：人民出版社2017年版，第334页。
② 《列宁全集》第四十二卷，北京：人民出版社2017年版，第390页。
③ 《列宁全集》第四十一卷，北京：人民出版社2017年版，第209页。
④ 《列宁全集》第四十一卷，北京：人民出版社2017年版，第209页。

系问题，其"全部意义就在于而且仅仅在于：找到了我们花很大力量所建立的新经济同农民经济的结合"①。这样，布尔什维克党从发展农业，改善农民生活状况和提高他们的积极性入手，通过以粮食税代替余粮收集制政策，增加了粮食和其他农产品的产量，进而改善人民生活、迅速恢复和发展工业生产。可以说，粮食税是新经济政策的主要内容和标志性措施。

（2）实行贸易自由和商品交换。与粮食税政策密切相关的就是贸易自由和商品交换。农民交完粮食税之后，剩余的粮食就是可以自由出售的，这就必然要求农民对粮食产品拥有自由处理权的贸易自由和商品交换。列宁最初担心贸易自由和商品交换会倒退回资本主义，因此在苏维埃的政权下是不允许任何贸易的，而要实行商业国有化。但后来战时共产主义政策的经验教训使列宁认识到，"我们在商业国有化和工业国有化方面，在禁止地方流转方面走得太远了。这是不是一种错误呢？当然是一种错误"②。因此，列宁提出，在城乡经济关系中必须重新利用商品和货币、市场和贸易，"商业正是我们无产阶级国家政权、我们居于领导地位的共产党'必须全力抓住的环节'"③，不掌握社会主义建设

---

① 《列宁全集》第四十三卷，北京：人民出版社2017年版，第78页。
② 《列宁全集》第四十一卷，北京：人民出版社2017年版，第56页。
③ 《列宁全集》第四十二卷，北京：人民出版社2017年版，第259页。

各种过渡的整个链条，就建不成社会主义社会经济关系的基础。总之，"商业就是千百万小农与大工业之间唯一可能的经济联系"[①]。这样，列宁就通过不断的理论思考和实践探索，找到了贸易自由和商品交换这个社会主义新经济同农民经济的结合点，和社会主义过渡链条中的关键环节。

（3）实行国家资本主义，采用租让制、合作制、代购代销制和租赁制。在1921年4月的《论粮食税》中，列宁论证了用粮食税代替余粮收集制和利用国家资本主义的必要性和可行性。他指出，根据俄国的社会经济结构和生产力发展水平，当时的俄国经济社会条件还不够实行从小生产向社会主义的直接过渡，所以作为小生产的自发产物的资本主义在一定程度上是消灭不了因而是不可避免的。因此，国家资本主义作为小生产和社会主义之间的中间环节，作为提高生产力的手段、途径、方法和方式，应当为无产阶级所利用。列宁指出："国家资本主义，就是我们能够加以限制、能够规定其范围的资本主义，这种国家资本主义是同国家联系着的，而国家就是工人，就是工人的先进部分，就是先锋队，就是我们。"[②]因此，列宁所提出的国家资本主义是有一定的条件的，是无产阶级国家要有能力将之纳入一定范围的资本主

[①]《列宁全集》第四十二卷，北京：人民出版社2017年版，第260页。
[②]《列宁全集》第四十三卷，北京：人民出版社2017年版，第88页。

义。它需要无产阶级拥有足够的政治权力和足够的经济手段，需要无产阶级拥有足够的本领对这种资本主义"进行管理，确定范围，划定界限，使别人受自己控制，而不是让自己受别人控制"①。可见，国家资本主义的实质是无产阶级在掌握国家政权的条件下，管理、控制和利用资本主义经济活动和经济形式作为中间环节，来发展社会主义经济。这是向社会主义过渡的中间环节，是无产阶级专政同资本主义经济相结合的崭新尝试。

列宁详细论述了国家资本主义可以采用的四种主要形式——租让制、合作制、代购代销制和租赁制。其中最主要的是租让制，即国家将一些企业租让给外国和本国的资本家，让他们在政府的监督下经营生产。或者通过引进国外的资金、技术与设备来发展俄国的社会主义经济。通过这几种国家资本主义主要的、具体的实现形式，无产阶级国家就能够调动国内各种积极因素，使国家无力经营的小企业解决原料和管理问题，从而能够开工生产，以满足人民生活的需要，活跃市场和贸易。

（4）实行经济核算制。这主要是在国营企业中实行。既然重新利用了商品和货币、市场和贸易，在存在商品经济的条件下，国营企业也就应当用商品经济的方法从事生产，按照商品

---

① 《列宁全集》第四十三卷，北京：人民出版社2017年版，第88页。

生产的规律进行经营，即用商人善于的商业经营方法自负盈亏。国营企业在拥有了相对独立性的情况下生产经营的积极性自然有所提高、劳动生产率也自然有所提高。实际上这就是"在相当程度上实行商业的和资本主义的原则"[1]。当然，由于商品经济的方法再次造成竞争和本位利益的追逐，造成工人群众同国营企业的管理人员或主管部门在利益上的某种对立。因此，列宁也要求国营企业中的工会要注意保护工人群众的利益，"工会也义不容辞应维护无产阶级和劳动群众的阶级利益，使之不受雇用他们的人侵犯"[2]。

总之，新经济政策从苏维埃俄国当时的经济社会条件和具体实际出发，重新利用了商品和货币、市场和贸易，发挥贸易自由和商品交换作用，用商业和市场加强农业与工业的联系，从而迅速恢复和发展了农业和工业，巩固了工农业和城乡之间的经济联系，为资本主义向社会主义的过渡创造了物质条件。1922年10月，列宁在回答英国《曼彻斯特卫报》记者的问题时曾说："新经济政策的真正实质在于：第一，无产阶级国家准许小生产者有贸易自由；第二，对于大资本的生产资料，无产阶级国家采用资本主义

---

[1]《列宁全集》第四十二卷，北京：人民出版社2017年版，第377页。
[2]《列宁全集》第四十二卷，北京：人民出版社2017年版，第378页。

经济学中叫作'国家资本主义'的一系列原则。"①也就说，新经济政策就是在社会主义国家和无产阶级专政的条件下，有限制地实行"资本主义"的某些政策。同时，由于布尔什维克党和苏维埃政权在从资本主义向社会主义过渡的整个政策上实行了特殊的过渡办法，列宁也始终不忘强调，无产阶级必须牢牢掌握政权，才能防范和克服资本主义的消极影响，利用资本主义特别是国家资本主义来促进社会主义的发展。这是列宁对小农占优势的国家如何建设社会主义问题的有益探索，是对资本主义如何向社会主义过渡的有益探索，是社会主义国家和无产阶级专政条件下如果进行社会主义经济体制改革的有益探索，因而对后续社会主义国家探索社会主义建设和改革的正确道路都具有重要的借鉴意义。

三、苏联模式：社会主义建设道路的探索与发展

如何在经济、社会、文化条件相对落后的国家建设社会主义，这是马克思和恩格斯没有来得及深入思考和面对的课题。十月革命胜利后，世界上第一个社会主义国家在资本主义薄弱链条被突破后建立了起来，但也正因为是薄弱链条，决定了社会主义国家只能在经济、社会、文化条件相对落后的基础上进行社会主

---

① 《列宁全集》第四十三卷，北京：人民出版社2017年版，第267页。

义建设的实际。由此，列宁对落后国家如何建设社会主义这一历史课题进行了积极思考和有益探索。随着认识和实践的深化，列宁对社会主义建设提出了一系列崭新论断。

第一，必须坚持理论和实践相结合，在实践中推动理论创新，为革命和建设事业提供科学理论指导。无论是进行社会主义革命还是社会主义建设，列宁始终强调要理论联系实际。他指出："现在一切都在于实践，现在已经到了这样一个历史关头：理论在变为实践，理论由实践赋予活力，由实践来修正，由实践来检验。"[①]他多次强调马克思曾说"一步实际运动比一打纲领更重要"[②]的重要性。在1920年6月的《共产主义》中，列宁把"具体情况作具体分析"上升为马克思主义的精髓，"马克思主义的精髓，马克思主义的活的灵魂：对具体情况作具体分析"[③]。

面对俄国经济社会落后的具体实际，列宁坚持把马克思主义基本原理同俄国革命和建设的具体实际相结合，根据新的时代特征和斗争需要，提出新的战略思想和理论观点。他指出，马克思和恩格斯认为社会主义是现代社会生产力发展的最终目标和必然结果，而自原始社会解体以来的历史都是阶级斗争的历史，都是

---

① 《列宁全集》第三十三卷，北京：人民出版社2017年版，第212页。
② 《马克思恩格斯文集》第三卷，北京：人民出版社2009年版，第426页。
③ 《列宁全集》第三十九卷，北京：人民出版社2017年版，第128页。

不断更替地由一些社会阶级统治和战胜另一些社会阶级的历史。因此阶级斗争和阶级统治的基础，在"私有制和混乱的社会生产消灭以前，将会继续下去。无产阶级的利益要求消灭这种基础，所以有组织的工人自觉进行的阶级斗争，目标就应该对准这种基础。而任何阶级斗争都是政治斗争"[①]。为此，列宁为俄国社会民主党制订的革命任务就是"帮助俄国工人阶级进行这一斗争，方法是提高工人的阶级自觉，促使他们组织起来，指出斗争的任务和目的"[②]。鉴于无产阶级争取自身解放的斗争是政治斗争，因此，列宁才指出俄国无产阶级的首要任务就是进行阶级革命，以便建立无产阶级专政和苏维埃政权，争得政治自由。在十月革命取得胜利，无产阶级夺取政权后，列宁在对马克思主义原则的坚持和发展上，还有一个十分重要的方面，就是回答了如何在相对落后的国家建设和加快建设社会主义。在这个方面，列宁提出俄国民主革命胜利后所建立的新政权的性质是工农民主专政，是以工人阶级和农民阶级为专政主体，还不是无产阶级专政。这个工农民主专政的任务也只能是推动完成民主革命，实现无产阶级政党的最低纲领，进而为向社会主义过渡创造条件，而不是直接实现社会主义。在列宁看来，无产阶级专政是对无

---

① 《列宁全集》第二卷，北京：人民出版社2017年版，第2页。
② 《列宁全集》第二卷，北京：人民出版社2017年版，第70页。

产阶级和农民的这种工农民主专政的继续和发展，是对无产者和一般穷人实行民主的"新型民主"和对资产阶级实行专政的"新型专政"的统一。这就对于无产阶级和农民的工农民主专政和无产阶级专政的关系提出了独创性的见解。同时，列宁提出由国家来调节商业和货币流通，即利用国家资本主义发展商品经济，解放和发展生产力的思想。他还提出了生产资料的生产要优先发展的思想，提出了利用资产阶级专家来建设社会主义的思想，提出了文化的党性原则，突出强调文化建设对巩固社会主义的重要性等思想，从而不断丰富和发展了马克思主义。

第二，必须将共产主义的基本原则同各民族的具体特点相结合。列宁指出，只要各个民族之间、各个国家之间的民族差别和国家差别还存在，各国共产主义政党的策略，就不是要求消除多样性，消灭民族差别，而是要求在无产阶级专政和苏维埃政权下把共产主义的基本原则"正确地加以改变，使之正确地适应于民族的和民族国家的差别，针对这些差别正确地加以运用。在每个国家通过具体的途径来完成统一的国际任务，……都必须查明、弄清、找到、揣摩出和把握住民族的特点和特征，这就是一切先进国家（而且不仅是先进国家）在目前历史时期的主要任务"①。

---

① 《列宁全集》第三十九卷，北京：人民出版社2017年版，第71—72页。

列宁指出，"一切民族都将走向社会主义，这是不可避免的，但是一切民族的走法却不会完全一样"，例如在民主的不同形式上，在无产阶级专政的不同形态上，在社会主义改造的不同速度上，"每个民族都会有自己的特点"①。因此在俄国，列宁强调要把马克思主义基本原理的实际运用和俄国的特殊情况和具体实际结合起来，要把一般、个别，普遍、特殊的辩证关系运用到实际工作中。这样，列宁就对经济文化落后国家社会主义革命和建设道路面临的历史课题进行了深入思考和艰辛探索，提出社会主义革命和建设道路的特殊性和多样性理论。

随着新经济政策的实施和社会主义建设实践的推进，列宁对什么是社会主义、如何建设社会主义的问题有了更深入的认识和思考，他表示"我们不得不承认我们对社会主义的整个看法根本改变了"②。1922年12月23日至1923年3月2日，列宁在病中口授3封书信和5篇论文，包括《给代表大会的信》《关于赋予国家计划委员会以立法职能》《关于民族或"自治化"问题》《日记摘录》《论合作社》《论我国革命》《我们怎样改组工农检察院》《宁肯少些，但要好些》等。这8篇书信和论文，通常也被称为"列宁晚年8篇著作"或"列宁政治遗嘱"。这些著作对马克思主义的科学社

---

① 《列宁全集》第二十八卷，北京：人民出版社2017年版，第163页。
② 《列宁全集》第四十三卷，北京：人民出版社2017年版，第371页。

会主义理论有了许多根本的改变和发展。

这种根本的改变表现在人们对资本主义和商品经济的看法发生了改变。马克思和恩格斯曾经设想未来的共产主义社会将实行生产资料全社会占有也就是公有制的基础上进行有计划生产，无产阶级专政的条件下也不允许资本主义生产方式的存在，因而商品、货币、贸易乃至市场都是不能存在的。但特殊时期实行的战时共产主义政策取消商品货币关系、实行平均分配后的实践表明，希望落后国家从资本主义社会直接过渡到社会主义社会是行不通的。列宁认识到，"用无产阶级国家直接下命令的办法在一个小农国家里按共产主义原则来调整国家的产品生产和分配"的做法脱离了实际，"现实生活说明我们错了"[1]。列宁认识到，资产阶级"善于保持自己的阶级统治，他们有我们不可缺少的经验；拒绝吸取这种经验，就是妄自尊大，就会给革命造成极大的危害"[2]。列宁强调，必须利用和"经过国家资本主义和社会主义这些过渡阶段"来迈向社会主义。在这个小农国家里，要先建立起牢固的桥梁，"通过国家资本主义走向社会主义"，否则"就不能到达共产主义"[3]。列宁由此提出了新经济政策。他提出要允

① 《列宁全集》第四十二卷，北京：人民出版社2017年版，第187页。
② 《列宁全集》第三十八卷，北京：人民出版社2017年版，第248页。
③ 《列宁全集》第四十二卷，北京：人民出版社2017年版，第187页。

许商品、货币、贸易乃至市场的存在，要求无产阶级国家"必须成为一个谨慎、勤勉、能干的'业主'，成为一个精明的批发商"①，否则就不能使俄国这样的小农国家获得充足的经济条件，为迈向社会主义、共产主义准备创造物质基础。

对合作社性质和作用的看法发生了改变。马克思和恩格斯曾对空想社会主义者提出来的合作社制度持否定态度。因为他们反对阶级斗争，反对工人阶级夺取政权才能建设社会主义，而通过"合作社制度"就能和平地实现社会主义，列宁也认为这是"彻头彻尾的幻想"②。但是在无产阶级对资产阶级取得了阶级专政、在实现生产资料公有制的条件下，列宁则认为，"文明的合作社工作者的制度就是社会主义的制度"③，合作社的发展就等于社会主义的发展。这是列宁根据俄国新的历史条件，对合作社的性质和作用作了全新的判断。

对党和国家工作重心的认识发生了改变。在暴风骤雨式的无产阶级革命运动和国内外战争结束后，经济建设、文化建设就成为新生的苏维埃政权的主要工作。列宁认为，社会主义要创造出高度的劳动生产率，就必须大力发展现代机器大工业，实现国

---

① 《列宁全集》第四十二卷，北京：人民出版社2017年版，第187页。
② 《列宁全集》第四十三卷，北京：人民出版社2017年版，第371页。
③ 《列宁全集》第四十三卷，北京：人民出版社2017年版，第369页。

家工业化和电气化，从而为发展农业、巩固国防建立强大的社会主义物质基础。对于无产阶级夺取政权后，如何处理无法短期内消除的多种经济成分的问题，列宁认为要坚持社会主义经济领导，坚持无产阶级专政，利用贸易和市场，发展商品生产和商品经济，以建立强大的社会主义经济基础。他强调，要学习和利用资本主义一切有价值的东西，要在实行全国统一的计划经济时注意发挥地方的积极性和首创性，等等。同时，列宁指出，"从前我们是把重心放在而且也应该放在政治斗争、革命、夺取政权等等方面，而现在重心改变了，转到和平的'文化'组织工作上去了"[①]。因此，苏维埃政权的第一个任务就是改造那些从旧时代接收过来的简直毫无用处的国家机关，实践"打碎旧的国家机器"，彻底消灭专制主义和官僚主义。第二个任务就是推进文化建设。这种文化建设在农民中就其经济目的来说就是合作化。因为合作化这一条件"本身就包含有农民（正是人数众多的农民）的文化水平的问题，就是说，没有一场文化革命，要完全合作化是不可能的"[②]。列宁对资本主义和社会主义看法的根本改变，对后续各社会主义国家探索社会主义建设道路都有着启示意义。

第三，必须加强无产阶级的国际联合。列宁认为，"资本是

---

① 《列宁全集》第四十三卷，北京：人民出版社2017年版，第371页。
② 《列宁全集》第四十三卷，北京：人民出版社2017年版，第372页。

一种国际的势力。要战胜这种势力，需要有工人的国际联合和国际友爱"[1]。由于资产阶级竭力分裂工人，加剧民族纠纷和民族仇恨，以削弱工人的力量，巩固资本的权力，而在各民族、各国的劳动者之间建立最充分的信任和最紧密的联合才符合无产阶级的利益要求。因此，列宁强调，在反对民族仇恨、民族纠纷和民族隔绝问题上，"我们是国际主义者"，无产阶级始终寻求"实现世界各民族工农的紧密团结，力求使它们完全合并成为一个统一的世界苏维埃共和国"[2]。第二国际破产后，列宁强调，"无产阶级的国际没有灭亡，也不会灭亡。工人群众定将冲破一切障碍创立一个新的国际"[3]。他要求俄国社会民主党人"要利用工人阶级在组织方面的素养和联系，去创立适应于危机时代的为社会主义而斗争的秘密形式，使工人不是同自己国家的沙文主义资产阶级，而是同各国的工人团结起来"[4]。1919年3月，列宁团结各国的革命左派，在莫斯科召开国际共产主义者代表会议，也就是共产国际即第三国际第一次代表大会，国际共产主义运动史上的第三国际由此诞生。

在第三国际存续期间，列宁及其后继者们在指导各国无产阶

---

① 《列宁全集》第三十八卷，北京：人民出版社2017年版，第44页。
② 《列宁全集》第三十八卷，北京：人民出版社2017年版，第47页。
③ 《列宁全集》第二十六卷，北京：人民出版社2017年版，第18页。
④ 《列宁全集》第二十六卷，北京：人民出版社2017年版，第18页。

级政党领导本国革命时，同样强调，在帝国主义时代，进行社会主义革命和建设仍必须"弄清具体的经济事实；在解决一切殖民地和民族问题时，不从抽象的原理出发，而从具体的现实生活中的各种现象出发"①。正是把马克思列宁主义基本原理同本国具体实际相结合，亚非拉广泛的民族解放运动和社会主义革命与建设事业才得以持续发展，其中就包括中国共产党领导的社会主义革命与建设事业。正是在俄国十月革命的影响下，在中国人民和中华民族的伟大觉醒中，在马克思列宁主义基本原理同中国工人运动的具体实际相结合中，"中国共产党应运而生"②，"中国革命的面貌从此焕然一新"③。

第四，提出建立无产阶级新型政党的理论。列宁认为，党是无产阶级专政体系的领导核心，苏维埃是政权机构。早在1895年，列宁就为无产阶级新型政党起草了第一个纲领草案和说明，初步论述了党的纲领和基本原则。1899年，在《我们的当前任务》中，列宁即首次提出了无产阶级政党的"集中制"的概念和思想，"社会民主党地方性活动必须完全自由，同时又必须成立

---

① 《列宁全集》第三十九卷，北京：人民出版社2017年版，第232页。
② 习近平：《在庆祝中国共产党成立100周年大会上的讲话》，北京：人民出版社2021年版，第3页。
③ 《中共中央关于党的百年奋斗重大成就和历史经验的决议》，北京：人民出版社2021年版，第4页。

统一的因而也是集中制的党"①。1900年，列宁在《我们运动的迫切任务》中，又提出"把社会主义思想和政治自觉性灌输到无产阶级群众中去，组织一个和自发工人运动有紧密联系"②的马克思主义政党的任务。1902年，在《怎么办》中，列宁就提道："在黑暗的专制制度下，在流行由宪兵来进行选择的情况下，党组织的'广泛民主制'只是一种毫无意思而且有害的儿戏。"③因为实际上任何一个革命组织从来也没有实行过什么广泛民主制，而且在专制制度下，无论它自己多么愿意这样做，也是做不到的。由此，只有"集中的战斗组织，坚定地实行社会民主党的政策并能满足所谓一切革命本能和革命要求的组织，才能使运动不致举行轻率的进攻而能准备好有把握取得胜利的进攻"④。但是，这种集中制的原则也遭到了党内外的不断批评和质疑。为了防止这一原则扼杀民主，导致专制独裁的可能性，1904年，在《进一步，退两步》中，列宁创造性地提出了新型无产阶级政党的"民主集中制"的组织原则。1906年3月，在《提交俄国社会民主工党统一代表大会的策略纲领》中，列宁提到，"党内民主集

---

① 《列宁全集》第四卷，北京：人民出版社2013年版，第167页。
② 《列宁全集》第四卷，北京：人民出版社2013年版，第335页。
③ 《列宁全集》第六卷，北京：人民出版社2013年版，第132页。
④ 《列宁全集》第六卷，北京：人民出版社2013年版，第130页。

中制的原则是现在一致公认的原则"①，即被孟什维克和布尔什维克一致公认。这就最早提出了"民主集中制"的组织原则。在俄语中，民主集中制的原意为"民主的集中制"（демократический централизм）。其中，前一个词是形容词，意为"民主的"，起修饰作用。后一个词是名词，意为"集中制"，才是主词。这意味着列宁的"民主集中制"的重点是在"集中制"上，只不过不是"专制的"而是"群言堂式的"集中制。汉语翻译在省略了"民主的"的"的"字之后，逐渐造成了"民主"作为名词，使民主集中制成为"民主"和"集中"并列关系的误读。实际上，列宁始终是比较强调"集中制"的方面的。在提出"民主的集中制"的同时，列宁也不忘强调"迫切需要保持和加强党组织的秘密核心"，"党的中央机关应该是统一的"②等原则。列宁对无产阶级政党"民主集中制"的组织原则的思考和实践，对后续各国共产党制定组织原则都有重要的指导意义。

十月革命胜利后，俄共（布）成为执政党，列宁在带领党和人民进行无产阶级执政党建设和社会主义建设过程中，对无产阶级执政党的执政基础、执政理念、执政方式等内容也进行了思考和实践，逐步形成了无产阶级新型政党的执政理论。他指

---

① 《列宁全集》第十二卷，北京：人民出版社2017年版，第214页。
② 《列宁全集》第十二卷，北京：人民出版社2017年版，第214页。

出："无论结局怎样，我们都应当是独立的、纯粹无产阶级的政党，应当坚定不移地领导劳动群众去实现他们的伟大的社会主义目标。"①他强调，执政的无产阶级政党要努力提高自身的马克思主义理论水平，保持全党的团结统一；要不断清除钻入党内的野心家、阴谋家和专门向党捞取好处而不愿为党工作的人；要正确处理群众、阶级、政党、领袖关系，切实贯彻民主集中制和集体领导的原则；要广泛实行社会主义民主，密切联系群众；要改组工农检查院，加强党和国家的监察系统，大力反对官僚主义和贪污受贿，等等。同时，他提出要正确处理党、政、法的关系，要求明确划分党（及其中央）和苏维埃政权的职责，防止党政不分、以党代政；要求党在苏维埃宪法的范围内来贯彻党的决定，等等。这样，无产阶级政党才能在复杂的国内外阶级斗争中，巩固无产阶级专政、保持执政党地位、坚持社会主义方向。可见，"列宁有个完整的建党的学说"②。他提出了一套完整的建党和党建学说，从而进一步发展了马克思主义关于无产阶级政党的学说，创立了无产阶级新型政党理论。

在列宁逝世后，以斯大林为首的苏联共产党人，在坚持马克思列宁主义的基本原理的基础上，结合苏联的具体实际，继续探

---

① 《列宁全集》第十六卷，北京：人民出版社2017年版，第392页。
② 《邓小平文选》第二卷，北京：人民出版社1994年版，第44页。

索社会主义建设的有效路径。

对于整个世界在相当长的时期内保存资本主义的条件下，经济技术文化上都相对落后的国家，究竟能不能用自身的力量建成社会主义这个时代课题，斯大林给出了肯定的回答。当时托洛茨基、季诺维也夫等人认为，俄国因为无法用自身的力量克服和解决内部的矛盾即无产阶级和农民之间的矛盾，因而只有通过"不断革命论"，尤其是欧洲无产阶级取得胜利后引起世界革命，并对俄国实行"直接的国家援助"，才能解决这些矛盾并且最终建成社会主义。对此，斯大林指出，俄国无产阶级专政的建立，奠定了建设社会主义的政治基础。由于无产阶级掌握着国家政权和经济命脉，并且无产阶级和农民也有共同的利益而能够建立起工农联盟，进而引导和吸引广大农民参加社会主义建设，故而只要把农业和社会主义工业结合成一个经济整体，就能够建立起社会主义的经济基础。因此，对于经济技术文化上都相对落后的国家能否建成社会主义的问题，"列宁主义对这个问题的回答是肯定的：是的，我们能够建成社会主义，而且我们将在工人阶级领导下和农民一起去建设"[1]。斯大林强调，在俄国组织社会主义经济和建立一支无产阶级的武

---

[1] 《斯大林选集》上卷，北京：人民出版社1979年版，第336页。

装力量，还有利于帮助周围各国的无产阶级去进行推翻资产阶级的阶级斗争。由此，斯大林就在列宁"一国社会主义革命胜利论"的基础上，又提出了"一国建成社会主义论"。

对于如何建成社会主义，斯大林提出了农业集体化和国家工业化的道路。1924年1月列宁逝世后，"新经济政策"运行不到10年就被中止了。斯大林认为，新经济政策已经"过时"，是社会主义目标的后退，会导致苏联走向资本主义。1929年12月27日，斯大林在"马克思主义者土地问题专家代表会议"上就提到，"我们所以采取新经济政策，就是因为它为社会主义事业服务。当它不再为社会主义事业服务的时候，我们就把它抛开"①。在新的形势下，斯大林提出废除国家资本主义相关的措施，提出党应当从限制富农剥削趋向的政策过渡到消灭富农阶级的政策，以便"消灭富农"，建立"集体农庄"。斯大林强调，"集体农庄作为一种经济因素基本上是农村的新的发展道路，是和富农的资本主义发展道路相反的农村的社会主义发展道路"②。这样，建立"集体农庄"，实行"全盘集体化"，就是斯大林提出的农村走向社会主义的道路。

在工业生产领域，斯大林指出，由于许多企业和经济组织

---

① 《斯大林选集》下卷，北京：人民出版社1979年版，第232页。
② 《斯大林选集》下卷，北京：人民出版社1979年版，第225页。

不善经营，经济核算的原则已经被破坏无余，交给企业降低成本的任务到后来反倒把成本提高了，这严重影响了社会主义的经济积累。当农业生产已经不可能无穷积累的情况下，"还有重工业"。因此，"必须使重工业，首先是机器制造业，也能拿出积累来"[1]。为此，必须用新方式工作、用新方式领导工业生产。例如，需要把"公司由委员会管理制改为一长管理制"[2]。那种公司的委员会里有十几个人坐在那里，写写公文，讨论讨论问题的情况是不行的。同时，要按照计划来进行生产。如果以为"生产计划是一张开列着数字和任务的一览表，那是愚蠢的"。事实上，生产计划的现实性"就在于我们有千百万创造新生活的劳动者"[3]。

在党的领导方面，斯大林提出了加强党的领导、开展严肃的党内斗争的举措。斯大林提出，在正确的路线提出以后，在对问题做出正确的决定以后，事情的成功就"取决于组织工作，取决于组织实现党的路线的斗争，取决于正确地挑选人才，取决于检查领导机关的决议的执行情况"[4]。为了破除党和国家管理机关中的官僚主义和文牍主义，工作中无人负责的现象和工资制度中的

---

① 《斯大林选集》下卷，北京：人民出版社1979年版，第293页。
② 《斯大林选集》下卷，北京：人民出版社1979年版，第296页。
③ 《斯大林选集》下卷，北京：人民出版社1979年版，第296页。
④ 《斯大林选集》下卷，北京：人民出版社1979年版，第342页。

平均主义倾向，以及自我批评和自我检查的缺乏，必须"吸引工农群众参加这个斗争，必须动员党本身，必须清除党和经济组织中的不可靠的、不坚定的和蜕化的分子"①。当然，随着苏联社会主义建设的发展，苏联党内逐步出现了"权力过于集中"，针对斯大林的"个人崇拜"和"家长制"等不正常状况，导致官僚主义和特权阶层重新出现，最终招致严重后果，这是国际共产主义运动中应当吸取的经验教训。

这样，苏联通过农业集体化和国家工业化，逐步形成了单一的公有制、计划经济和权力高度集中的苏联模式。这种社会主义建设道路在短时间内，就将俄国从一个经济技术文化都相对落后的封建专制国家，转变为一个强大的、可以领导世界各国共产党对抗资本主义世界的苏维埃社会主义联盟，因而具有积极意义。1934年1月26日，在苏共《党的第十七次代表大会上关于联共（布）中央工作的总结报告》中，斯大林宣布，党的路线胜利了。"国家工业化的政策胜利了。它的成果现在是有目共睹的"，"消灭富农和实行全盘集体化的政策胜利了"。苏联的经验证明，"社会主义在单独一个国家内获得胜利是完全可能的。有什么可以反驳这个事实呢？"②

---

① 《斯大林选集》下卷，北京：人民出版社1979年版，第344页。
② 《斯大林选集》下卷，北京：人民出版社1979年版，第330页。

　　当然，这种单一的公有制、计划经济和权力高度集中的苏联模式，在长期的实践中也逐渐暴露出不少问题。例如，在处理农、轻、重的关系上，苏联过分突出重工业的发展，而忽视农业和轻工业的发展。1925—1957年，生产资料增长了93倍，而消费资料仅增长了17.5倍。[①]在处理商品和贸易、计划和市场的关系上，苏联废止国家资本主义后，商品经济和市场经济都被取消。这就导致商品短缺，生活用品匮乏，较大影响了人民群众的日常生活。在处理社会主义时期的社会矛盾问题上，苏联过度强调阶级斗争，强调专政职能，忽视民主和法制建设，也没有分清社会主义时期两大阶级和人民群众内部是两类不同性质的矛盾，进而导致肃反扩大化和党内斗争扩大化，伤害了广大干部群众的积极性。在党内生活上，因个人崇拜、特权阶层、官僚主义和腐败问题等，损害了党内正常的组织原则和组织生活，以及党际关系上因"老子党"、大党大国主义损害各国共产党的关系，等等，都使苏联、苏共和社会主义的形象都受到损害。

　　但是，苏联为人类历史上第一个社会主义国家，其对社会主义建设道路的探索，无论是成功经验，还是失误教训，都是人类

---

　　① 参见《国际共产主义运动史》编写组：《国际共产主义运动史》，北京：人民出版社、高等教育出版社2012年版，第223页。

探索平等、公正、幸福的理想社会的一项崭新的、伟大的尝试。苏联社会主义建设道路上的经验教训，已经成为无产阶级革命和建设事业，以及国际共产主义运动中的宝贵财富。

本章小结

在世界资本主义由自由竞争阶段进入垄断阶段，列宁科学地回答了"资本主义向何处去、无产阶级革命向何处去"的时代课题，创造性地提出"一国胜利论"，发展了马克思主义关于社会主义革命的学说。在相对落后的国家探索社会主义的建设道路时，列宁深刻诠释了关于社会主义道路历史发展的一般性与特殊性的统一辩证发展规律，积极思考了如何在相对落后的条件下建设社会主义的历史课题，成功探索了一条适合俄国国情的社会主义革命和建设道路。在长期的革命和建设实践中，列宁形成了以帝国主义理论、无产阶级革命理论、无产阶级专政理论、社会主义建设理论、社会主义发展道路特殊性和多样性理论，以及无产阶级新型政党理论为主要内容的科学理论体系，从而丰富和发展了马克思和恩格斯创立的科学社会主义，实现了马克思主义的俄国化、民族化和本土化，并把马克思主义推进到列宁主义阶段。

在列宁逝世后，以斯大林为首的苏联共产党人，继续探索社会主义建设的有效路径。结合苏联的具体实际，斯大林提出废止"新经济政策"和"国家资本主义"措施，通过"消灭富农"、建立"集体农庄"，通过国家工业化和农业集体化建成社会主义的道路。在"一国建成社会主义论"的指导下，苏联逐步形成了高度集中、单一的计划经济的苏联模式。尽管这一模式在实践中逐渐出现了一些问题，但苏联对社会主义建设道路的探索，都不失为人类迈向共产主义的崭新尝试。各国共产党正是在对苏联社会建设道路吸收借鉴的基础上，逐渐从照搬照抄，走上了独立自主地探索社会主义革命和建设之路。

第三章

科学社会主义在世界
——国际共产主义运动的起伏波折

世界上第一个社会主义国家的创建和成功实践，使科学社会主义从理论变为现实，开启了人类历史发展的新纪元。在俄国十月革命的影响下，在列宁领导的共产国际的帮助下，一大批共产党得以在世界各国成立，领导了各国无产阶级的革命运动，形成了亚非拉民族解放浪潮和国际共产主义运动的革命浪潮，使一大批民族国家获得民族解放、国家独立。并且在共产国际和苏联的领导下，形成了与资本主义世界相对抗的社会主义阵营，使社会主义国家的国际联合达到新高度。但在各国共产党探索本国社会主义建设道路的过程中，苏联模式的单一和僵化，也带来了各国探索社会主义建设道路的曲折。加之苏联共产党的强硬领导，影响了各国共产党的独立性，导致了共产党国家的一些矛盾，因而社会主义国家在困局中思变，纷纷开启改革浪潮，走上独立自主探索本国社会主义建设道路的征程。苏联则在僵化的体制机制和官僚主义、特权阶层的作用下，在国际资本主义和平演变的阴谋下，出现改革失误，最终引发东欧剧变、苏联解体，导致国际共产主义运动陷入低潮。

一、国际联合：社会主义国家和阵营的形成

俄国十月革命胜利后，世界上有了第一个社会主义国家，世界无产阶级看到了科学社会主义从理论变为现实的希望。列宁也为了新生的苏维埃政权在资本主义世界的围攻之下突围出来，而领导创建了共产国际（也称"第三国际"），以加强世界各国无产阶级的国际联合，帮助、支持、领导各国无产阶级和共产党推进本国的无产阶级革命和建设事业。

共产国际成立后，帮助、支持、指导了各国共产党的创建和发展，卓有成效地传播了马克思列宁主义。共产国际指导、支援了资本主义国家的无产阶级革命运动和殖民地、半殖民地国家的民族解放运动，促进了这些国家人民大众的觉醒，使国际共产主义运动进入新高潮。

当今世界的一大批共产党，都是在共产国际的帮助、支持、指导下成立的。1919年3月4日，共产国际在莫斯科成立；同年，美国共产党成立。1920年7月，英国共产党成立；同年12月，法国共产党成立。1921年1月，意大利共产党成立；同年，古巴共产党、中国共产党、南非共产党相继成立。1922年7月，日本共产党成立。1930年2月，越南胡志明受共产国际的委托，在香港召开会议，将三个组织合并成为统一的越南共产党。印度

共产党于1933年12月建成全国性政党，1942年获得合法地位。在共产国际的帮助、支持、指导下，无产阶级的国际联合获得极大发展。尽管在1943年共产国际就解散了，但在共产国际的帮助、指导下，一大批社会主义国家得以建立。亚非拉民族解放运动和国际共产主义运动获得极大发展。

中国共产党就是在十月革命的影响下、在共产国际的帮助下于1921年7月成立的。从帮助中国共产党创立，到大革命时期对中国革命道路的指导，再到抗日战争时期推动建立抗日民族统一战线，等等，共产国际对中国革命给予了很大的援助。共产国际帮助建立中国共产党，是为了在中国建立自己的支部，把中国革命和世界革命联系在一起，实现共产国际对中国革命的领导。因此，在帮助、指导中国共产党制定民主革命时期的纲领和统一战线的方针时，就要求中国共产党服从共产国际的指示和决策；而共产国际的指示和决策更多是从苏俄对华政策出发的。例如，在1920年，共产国际认为，中国革命的条件已经成熟，因而急需一个共产主义的党。但这个党是要和孙中山的国民党合作，支持孙中山的革命，建立革命的统一战线的。而共产党本身则在无产阶级力量和自身条件较弱的时候，主要是从事马克思主义的宣传，组织和教育群众的工作。更为重要的是共产国际认为，当时在中国进行的革命是资产阶级民主主义革命，这个革命必须依靠孙中山和中国国民党的领导才能取得胜利。只有经过了像俄国1905年那样的革命之后才能再进行社会主义革命，由无产阶级夺取政权，建立无产阶级专政。再例如，1935年7月至8月共产国际召开的第七次大会上，正式确立了世界反法西斯统一战线的总政策和总策略。要求在无产阶级统一战线基础上建立广泛的反法西斯人民战线，以利于无产阶级在世界范围内实行统一行动。1935年12月27日，毛泽东同志在瓦窑堡党的活动分子会议上作了《论反对日本帝国主义的策略》的报告，提出了"建立广泛的民族革命统一战线"[①]的策略任务。这为形成党的抗日民族统一战线政策奠定了基础。但这时的统一战线，还不包括以蒋介石为代表的大地主大资产阶级。毛泽东同志没有笼统地将国民党各派力量等同看待，而是提出了充分利用其内部矛盾，孤立蒋介石为首的出卖民族利益的大资产阶级、买办阶级和地主阶级"卖国贼营垒"[②]的策略任务。这和当时中国共产党驻共产国际代表团团长王明片面地把共产国际和苏联的利益摆在首位，机械地执行共产国际的各项指示是完全不同的。像这类教条主义错误，不仅给中国革命带来损害，也给无产阶级的国际联合和国际共产主义运动带来损害。

---

① 《毛泽东选集》第一卷，北京：人民出版社1991年版，第152页。
② 《毛泽东选集》第一卷，北京：人民出版社1991年版，第144页。

　　尽管共产国际在中国革命问题上是犯了多次错误，包括在第一次大革命后期对资产阶级盲目联合、妥协退让，土地革命战争时期又犯了否认联合，对除农民和下层小资产阶级以外的一切社会成分进行斗争，抗日战争初期在统一战线问题上又犯了右倾错误，等等，但也正是在共产国际帮助和指导下，中国新民主主义革命在大革命的初期和中期取得了很大胜利。共产国际七大关于建立世界反法西斯统一战线的决议，也启发和帮助中国共产党制定了抗日民族统一战线的正确策略。共产国际和苏联也援助和支持了中国的抗日战争，即便在共产国际解散后，苏联仍在1945年8月9日出兵中国东北对日作战，对于中国人民最后战胜日本帝国主义起了很大作用。历史证明，共产国际的成立，有利于进一步加强无产阶级的国际联合，有助于世界各国共产党领导本国无产阶级和广大人民群众最终战胜德、意、日法西斯。在共产国际的权力过度集中，损害了各国共产党的独立自主发展，并给一些国家的革命运动和共产党组织造成消极影响或严重伤害后，共产国际的及时解散，也有利于各国共产党独立自主地制定适合本国国情的理论、战略和策略，并取得和平、民主和社会主义事业的新胜利。

　　第二次世界大战末期和战后初期，亚洲和欧洲一系列国家先后赢得国家独立和民族解放，不少国家还逐步走上了社会主义道路，使社会主义实现了从一国到多国的发展。

除中国取得新民主主义革命的胜利，建立起人民民主专政的国家政权外，越南、朝鲜、古巴等国家在共产党的领导下，经过武装斗争，也逐步建立起共产党领导的国家政权。在欧洲，先后有波兰、南斯拉夫、罗马尼亚、阿尔巴尼亚、捷克斯洛伐克、保加利亚、匈牙利和德意志民主共和国等8个国家在共产国际和苏联的影响、帮助和指导下，也建立起共产党领导的国家政权，走上了社会主义道路。

东欧国家社会主义政权的建立，体现了苏联社会主义制度的优越性和影响力，改变了欧洲地缘政治版图和资本主义与社会主义的力量对比。资本主义世界对社会主义从理论到实践、从一国到多国的强劲发展感到恐慌。1946年3月，丘吉尔在美国富尔敦发表著名的"铁幕"演说，揭开了冷战的序幕。1947年美国国务卿马歇尔提出所谓的"欧洲复兴计划"（亦称"马歇尔计划"），以抗衡苏联和共产主义势力在欧洲的渗透和扩张。1949年4月，美国与西欧成立北大西洋公约组织（简称"北约组织"），以美国为核心的资本主义阵营形成。1950年2月，美国参议员约瑟夫·麦卡锡在西弗吉尼亚州共和党妇女俱乐部发表了题为"国务院里的共产党"的演讲，声称在他手中，有一份共产党和间谍网成员的"名单"，开启了1950—1954年恶意诽谤、肆意迫害共产党和民主进步人士甚至不同意见人士的、以"麦卡锡主义"为代表的反共、排外运动。

　　为了对抗以美国为核心的资本主义阵营，以苏联为核心的社会主义阵营也酝酿成立。1947年9月，来自波兰、南斯拉夫、保加利亚、罗马尼亚、匈牙利、苏联、法国、捷克斯洛伐克、意大利九个国家的共产党和工人党代表在波兰西里西亚的维利扎—古拉举行会议，会议决定成立欧洲九国共产党和工人党情报局（简称"情报局"）。直到1956年4月，情报局才结束活动。1949年1月，保加利亚、匈牙利、波兰、罗马尼亚、苏联和捷克斯洛伐克6国代表组织建立了一个由社会主义国家组成的政治经济合作组织经济互助委员会（简称"经互会"）。该组织1991年于布达佩斯宣布解散。1955年6月，苏联和东欧七国成立华沙条约组织（简称"华约组织"），以苏联为核心的社会主义阵营形成。

　　冷战和两大阵营的形成，深刻影响着世界格局。资本主义和社会主义两大制度的较量进入了集团交锋和阵营对抗的阶段。这种交锋和对抗，有时不仅是冷战，甚而还会爆发"热战"。1946年8月，朝鲜劳动党成立。在欧洲社会主义国家相继建立和中国革命胜利的形势鼓舞下，朝鲜劳动党也积极推进社会主义革命的进展，这导致以美国为首的"联合国军"的横加干涉。1950年6

月，朝鲜内战爆发；10月初，美军无视中国政府的一再警告，悍然越过三八线，把战火烧到中朝边境，直接威胁新中国的国家安全。中国共产党根据朝鲜劳动党和政府的请求以及出于中国国家安全的需要，作出了派遣中国人民志愿军入朝作战，抗美援朝、保家卫国的历史决策。10月19日，中国人民志愿军跨过鸭绿江入朝作战。经过艰苦卓绝的战斗，中朝军队打败了武装到牙齿的对手，打破了美军不可战胜的神话，迫使不可一世的侵略者于1953年7月在停战协定上签字。

资本主义和社会主义两大阵营的对抗和两大制度的较量，构成了20世纪下半叶世界政治变迁的主线。在国际共产主义运动的猛烈冲击下，资本主义的世界版图和殖民统治体系不断发生裂解，广大亚非拉国家在获得国家独立和民族解放之后，在苏联社会主义制度取得战胜法西斯和经济建设的辉煌成就影响下，纷纷走上社会主义道路，国际共产主义运动和世界社会主义运动迎来高潮时期。

二、改革浪潮：社会主义国家的困局思变

赢得国家独立和民族解放之后，不少新生的社会主义国家开始了社会主义建设道路的探索。苏联社会主义制度所展现的优越性，使大多数共产党都选择了以苏为师，按照苏联社会主义样板

建立起各自的社会主义制度，推进社会主义建设。

苏联通过社会主义建设的实践，总结了社会主义时期的基本经济规律和一些建设经验，成为各国共产党借鉴效仿的样板。1952年，斯大林发表《苏联社会主义经济问题》，总结了苏联社会主义建设的经验，概括出"社会主义的基本经济规律"，即"保证最大限度地满足整个社会经常增长的物质和文化的需要，就是社会主义生产的目的；在高度技术基础上使社会主义生产不断增长和不断完善，就是达到这一目的的手段"[①]。同时，斯大林还提出，社会主义阵营的出现使各社会主义国家可以在经济上结合起来，使资本主义统一的世界市场瓦解，从而形成资本主义和社会主义两个平行的、对立的市场。斯大林还提出，社会主义国家必须优先发展重工业以迅速建立国家工业化的基础，并在经济互助的基础上实现共同发展。这是斯大林和联共（布）对马克思主义关于社会主义建设理论的重要发展。

苏联模式的社会主义实行高度集中的计划经济和单一公有制，这在短期内可以迅速提升经济技术文化相对落后国家的社会生产力和经济实力。但随着社会主义经济建设的持续开展，高度集中的计划经济和单一公有制所产生的负面影响也逐渐暴

---

① 《斯大林选集》下卷，北京：人民出版社1979年版，第598页。

露，苏联模式中农业、轻工业、重工业比例失调导致人民日常生活长期受到影响，共产党内权力过于集中的弊端也导致官僚主义、特权现象、家长制、领导职务终身制等问题不断显现，苏联共产党在社会主义阵营中以"老子党"自居，推行大党、大国沙文主义引发了与各国共产党的矛盾和争论，等等。这些问题和弊端，都促使各国共产党重新思考本国社会主义革命和建设的方式和道路问题。

20世纪50年代中期到80年代前期，苏联也认识到了自身高度集中、僵化的经济政治体制的弊端，开始尝试进行不同程度的调整和改革。1953年8月，在斯大林逝世后不久，赫鲁晓夫即在最高苏维埃第五次会议上作了《关于进一步发展苏联农业的措施》的报告，提出了一系列调整农业管理体制的措施，如大幅度提高农产品收购价格，放宽对自留地和自养牲畜的限制，鼓励发展家庭副业，扩大农庄、农场的自主权等。1957年，苏联开始进行工业方面的经济管理体制改革。如采取措施扭转中央对国民经济管理权力过度集中的状况，放宽企业经营权限，加强经济核算，减少中央下达的生产指标，扩大地方在企业运行中的管理权、财政经营权和计划权等。1965年10月，勃列日涅夫时期的苏共中央和部长会议通过《社会主义国营生产企业条例》，力图调动企业生产经营的自主性和积极性，如减少国家指令性指标计划，扩大企业计划管理权和经营管理权，加强价格、利润、奖金、贷款等经济刺激手段以提高企业经营和工人生产的积极性等。但由于改革政策的反复和贯彻不彻底，并没有从根本上触动苏联高度集中的政治经济体制。

南斯拉夫社会主义联邦共和国在铁托和南共联盟的领导下，开始在工人自治和社会自治的基础上探索建设社会主义的"南斯拉夫道路"。而苏共则要求南斯拉夫按照苏联模式进行建设，反对南斯拉夫走自己的路，并试图垄断南斯拉夫的资源，干涉南斯拉夫的产业规划和布局。在苏南冲突之际，苏共甚至单方面通过由苏联实际掌控的欧洲九国共产党和工人党情报局，以集体制裁的方式制裁南斯拉夫。这就造成了二战后国际共产主义运动内部的第一次分裂，削弱了社会主义阵营的力量。在此情况下，南斯拉夫开始独立自主地探索建设社会主义的道路。1949年底，南斯拉夫颁布《关于在国营经济企业建立工人委员会及其活动的指示》，正式提出成立工人委员会，由生产者直接决定和管理生产经营。1950年6月，南斯拉夫颁布《关于劳动集体管理国营经济企业和高级经济联合组织的基本法》（即《工人自治法》），提出全民的财产将由劳动集体代表社会在国家计划和法律范围内进行管理。1953年，南斯拉夫宣布社会制度的基础是社会所有制和生产者自治，国家机关和社会事业单位都实行自治原则，企业可以用分散的社会计划代替集中的国家计划，并适度发挥市场的作用。南斯拉夫在自治社会主义制度下，到20世纪70年代就建成为具有中等经济发展水平的工农业国家，这对各国共产党破除对社会主义建设只有苏联单一模式的迷信、探索适合本国特色的社会主义建设道路有着借鉴意义。

1956年2月，苏联共产党召开第二十次全国代表大会。赫鲁晓夫在大会上提出了关于国际局势发展的三个重要问题，即和平共处、和平竞赛和和平过渡问题，后来被概括为"三个和平"，即关于两个体系的和平共处问题、关于现代防止战争的可能性问题、关于不同国家向社会主义过渡的形式问题。在会议结束的当天夜里，赫鲁晓夫向代表们作了《关于个人崇拜及其后果》的秘密报告，揭露出许多斯大林鲜为人知的情况，全盘否定了斯大林。这一事件损害了苏联和苏共领袖的形象，引发了1956年6月波兰西部波兹南城发生的流血事件（简称"波兹南事件"），以及1956年10月匈牙利发生的社会动荡（简称"匈牙利事件"）。赫鲁晓夫的"秘密报告"和"波匈事件"的爆发，使人们对苏联社会主义制度的优越性产生了怀疑，对无产阶级的国际团结和国际共产主义运动的进展造成了不可估量的影响。

对于赫鲁晓夫的秘密报告，中国共产党认为，苏共二十大有积极意义，它揭开了斯大林的盖子，表明苏联、苏共及斯大林并不是一切都正确，破除了中国共产党对苏联的迷信。同时，赫鲁晓夫作秘密报告事先没有与各国共产党商量，是搞突然袭击，对斯大林的评价也不公正。4月，毛泽东同志在审阅《人民日报》编辑部文章《关于无产阶级专政的历史经验》时加写了几段话，其中提到"共产党人对于共产主义运动中所发生的错误，必须采取分析的态度"，"有些人认为斯大林完全错了，这是严重的误解"，应当"用历史的观点看斯大林，对于他的正确的地方和错误的地方作出全面的和适当的分析，从而吸取有益的教训"①。

在中国，以毛泽东同志为主要代表的中国共产党人从"以苏为师"到"以苏为鉴"，同样开启了探索适合本国特色的社会主义建设道路。但各国共产党独立自主的做法引起了苏共的不满。除了对南斯拉夫等社会主义国家进行批评打压之外，苏共对中国共产党的做法也进行了批评打压。这就引发了20世纪60年代的中苏之间关于国际共产主义运动和马克思主义理论的论战。1958年，苏联提出在中国设立"长波电台"和"共同潜艇舰队"事件，是中苏关系的转折点。1960年，中国发表《列宁主义万岁》等三篇文章，苏联则在布加勒斯特会议上组织围攻中共代表团，中苏在战略利益上和内外政策上的分歧，很快演变成意识形

---

① 《毛泽东文集》第七卷，北京：人民出版社1999年版，第20页。

态方面的论争，揭开了中苏论战的序幕。1965年3月，苏共召集19个共产党和工人党在莫斯科召开会议，中国共产党拒绝参加。1966年2月，苏共领导人勃列日涅夫以苏共中央名义，邀请中国共产党派代表出席苏共二十三大。根据毛泽东同志的指示精神，中共中央复信拒绝。苏共二十三大以后，中苏两党中断了一切往来。中苏论战造成中苏关系由意识形态的分歧发展到国家关系的破裂，对国际共产主义运动产生了重大而深远的影响。

在资本主义国家的共产党，则在探索适合本国特色的社会主义过渡道路。由于发达国家资本主义的强大，共产党并不具备公开发动暴力革命和武装斗争的条件，因此，必须探索适合发达国家环境和条件以及各国实际情况的社会主义过渡形式和斗争方式。20世纪70年代中期以后，以意大利共产党、西班牙共产党、法国共产党为代表的西欧发达资本主义国家共产党，逐渐形成了大体一致的关于社会主义过渡形式和斗争方式的理论观点，这被称为"欧洲共产主义"。1977年3月2日，意大利共产党总书记恩里科·贝林格、西班牙共产党总书记圣地亚哥·卡里略和法国共产党总书记乔治·马歇在马德里会晤，发表了被人们称为"欧洲共产主义宣言"的联合声明，第一次共同提出了西欧国家必须"在民主、自由中走向社会主义"的纲领。其中提到，各国共产党有权选择自己争取和建设社会主义的独特道路；共产党准备和各种政治力量一起，尊重、保证和发展集体和个人的各种自由，尊重普选制和多数派民主轮流执政；共产党愿意同社会党等其他民主力量进行对话，争取谅解和合作；共产党应当在独立自主、权利平等、互不干涉、互相尊重的基础上，发展国际主义团结和友谊；共产党反对军事集团，要求摆脱美苏控制，建立一个和平、民主、独立、没有军事基地的欧洲，等等。欧洲共产主义是从欧洲资本主义国家的特殊条件出发，探寻社会主义过渡形式和斗争方式，它不同于欧洲社会民主党所走的道路，也不同于苏联东欧所走的道路，是对发达资本主义国家走向社会主义道路的一次有益尝试。

苏联模式的僵化，苏共大党沙文主义的打压，南斯拉夫、中国以及资本主义国家共产党的改革探索，使各国共产党也纷纷开始独立思考、探讨、研究和推动马克思主义的本土化进程，这就在客观上推动了各国共产党把马克思主义基本原理同本国具体实际相结合，逐步走上了独立自主地探索适合本国国情的社会主义革命、建设和改革道路。

三、苏东剧变：社会主义运动波折的原因教训

1989年前后，在匈牙利人民共和国、罗马尼亚社会主义共和国、波兰人民共和国、德意志民主共和国、保加利亚人民共和

国、捷克斯洛伐克和苏联等华沙条约组织国家发生了各国共产党和工人党在短时间内纷纷丧失政权、社会主义制度演变为资本主义制度的严重事件，被人们称为"苏东剧变"，是20世纪国际共产主义运动和世界社会主义运动史上的一件大事变。

由苏联模式的僵化所引起的社会主义国家的改革浪潮，在20世纪80—90年代逐渐走入歧途。当时的苏共领导人戈尔巴乔夫等人逐步背叛马克思列宁主义，错误抛出自由化改革，引发非马克思主义社会思潮泛滥，导致意识形态领域全线崩溃。为了否定马克思列宁主义在意识形态领域的指导地位，戈尔巴乔夫攻击坚持马克思列宁主义是"精神垄断"。他打着"民主化""公开性""多元化"的幌子开启了"改革新思维"，推动建设所谓"人道的民主的社会主义"。

1986年2月，戈尔巴乔夫在《苏联共产党中央委员会向苏共第二十七次代表大会提出的政治报告》中提出，"民主，这是新鲜的清洁空气，社会主义社会的机体只有在这种空气中才能朝气勃勃地生活"。为此，要"活跃苏维埃、工会、共青团、劳动集体和人民监督的工作，加强公开原则"，要"始终不渝地和不断地发展人民的社会主义自治"①。他将"人道的民主的社会主义"

---

① 辛华编译：《苏联共产党第二十七次代表大会主要文件汇编》，北京：人民出版社1987年版，第73页。

作为统率全部改革的新理论，强调改革的基础是民主化，改革的重心是使全部社会生活具有广泛的民主化。

1987年11月，戈尔巴乔夫在其《改革与新思维》中提出："只有通过始终如一地发展社会主义固有的民主形式，扩大自治，我们才可能在生产、科学技术、文化艺术以及社会生活的各个领域不断前进。只有这样，才能保证自觉的纪律。只有通过民主和依靠民主，改革本身才有可能。"[1]他强调，要发扬公开性，"没有公开性，就没有也不可能有民主。而没有民主，就没有也不可能有现代社会主义"[2]。

1988年6月，苏共第十九次全国代表会议上，苏共就把改革的重心转到政治体制上，提出人真正是"万物的尺度"，因而要建设人道的、民主的社会主义。

1990年2月，苏共中央全会通过向苏共二十八大提出的苏共纲领草案即将"走向人道的民主的社会主义"写入党的纲领。7月，苏共二十八大强调改革的实质就是从官僚专制制度"向人道的民主的社会主义社会"过渡，从而正式确立以多党制和市场经济为特征的，"人道的民主的社会主义"改革目标。在经济上

---

① ［苏联］戈尔巴乔夫著：《改革与新思维》，岑鼎山等译，北京：世界知识出版社1988年版，第21页。
② ［苏联］戈尔巴乔夫著：《改革与新思维》，岑鼎山等译，北京：世界知识出版社1988年版，第65页。

推动经济私有化，承认公民的私有财产权，要求把计划的方法与市场的方法有机结合起来，承认市场经济的调节作用，对社会主义所有制关系进行深刻变革。在政治上推动政治民主化，放弃共产党的领导地位，要求把立法、行政和司法"三权分立"，并朝着多党制、总统制、议会制的方向发展。在文化上推动意识形态多元化，放弃马克思列宁主义的指导地位，承认全人类的人道主义价值观，要求保障个人全面发展和政治、思想、言论自由。这样，苏共就完全接受了欧洲民主社会主义的理论主张，放弃了无产阶级专政的理念、放弃了共产党对政权的领导。为了推动改革，戈尔巴乔夫等人甚至不惜在1990年11月1日至1992年3月14日的500天内，强行通过"休克疗法"，要分四个阶段将苏联从计划经济过渡到市场经济，导致苏联经济、政治、文化体制发生全面的、根本性的变化，最终崩溃解体。

特别是在意识形态领域，戈尔巴乔夫伙同思想、理论、舆论、文艺等意识形态"精英"，竭力提倡"意见多元论"、"言论多样化"乃至"意识形态多元化"，鼓动各种思想"自由竞赛"。戈尔巴乔夫等人攻击坚持马克思列宁主义为指导是"精神垄断"，要求取消马克思列宁主义在意识形态领域的指导地位。他无视苏联全体人民根本利益的一致性，以社会存在不同利益群体为由，宣扬个人主义和利己主义，以便为确立"人道的民主的社会主义"的指导地位鸣锣开道①。这样，苏共就在意识形态领域放弃了马克思列宁主义的指导地位，导致思想文化战线自乱阵脚和全面溃退，为资本主义世界对社会主义的"和平演变"推波助澜。戈尔巴乔夫等人还大搞历史虚无主义，以"重评历史"为名，污名化苏联领袖和英雄人物，歪曲、否定苏共领导的社会主义革命和建设的历史和成就，进而否定苏共和苏联社会主义制度。特别是在评价斯大林和苏联模式问题上，从1956年赫鲁晓夫在苏共二十大作秘密报告全盘否定斯大林开始，发展到戈尔巴乔夫时期在言论自由、新闻自由、历史研究自由的旗号下对斯大林模式和整个苏联体制的全盘否定，进而逐渐否定列宁，否定苏共历史和苏联社会主义制度的优越性，导致1989年苏联社会对斯大林的正面评价只占8%，搞乱思想之下，最终人心涣散、亡党亡国，印证了古人"灭人之国，必先去其史"的镜鉴。正如习近平总书记在2013年1月新进中央委员会的委员、候补委员学习贯彻党的十八大精神研讨班开班式上指出的："苏联为什么解体？苏共为什么垮台？一个重要原因就是意识形态领域的斗争十分激烈，全面否定苏联历史、苏共历史，否定列宁，否定斯大林，搞历史虚无主义。"这样，思想搞乱了，各级党组织几乎没

---

① 参见李慎明等：《苏联亡党亡国反思："公开性"与指导思想"多元化"》，《红旗文稿》2012年第5期，第18页。

任何作用了，军队都不在党的领导之下了，自然走向亡党亡国，"这是前车之鉴啊！"①

经过苏东剧变30年的世事变迁和实践检验，人们逐渐认识到，需要再次重新评价苏联领袖、英雄、历史和制度。2017年6月，俄罗斯著名民调机构列瓦达中心的一项关于"历史上最杰出的人物"的调查结果显示：38%的俄罗斯人把斯大林放在第一位，普京和普希金并列第二，列宁名列第三。俄罗斯总统普京后来在会见美国好莱坞著名导演奥利弗·斯通时也提到，对斯大林的过度妖魔化就是攻击俄罗斯和苏联。②俄罗斯民众和国家领导人对斯大林和苏联模式的重新认识，是对苏联时期的领袖、英雄、历史和制度评价的理性回归。

此外，苏共党内由于民主生活缺失、个人专断、脱离群众、贪污腐败等现象严重，官僚主义、形式主义盛行，逐渐形成特殊利益集团和官僚特权阶层，也是导致苏联亡党亡国的重要原因。党员的选举权代之以上级的任命权；党员的选择权代之以少数人划定的名单；党员的评议权、批评权代之以个人主义的吹捧、颂扬；党员保留不同意见的权利代之以思想一致的要求。加之权力

① 《十八大以来重要文献选编》上卷，北京：中央文献出版社2014年版，第113页。

② 参见吴恩远：《妖魔化斯大林就是对俄罗斯和苏联的攻击》，《世界社会主义研究》2017年第7期，第40—44、96页。

的过度集中，又导致个人专断和家长制作风，各级领导干部只对上级负责，却不对党员群众负责，只听从领导意见，却无视党员群众意见。这样，苏共的"我们的事业"，在普通党员群众眼里，就变成了与己无关的"你们的事业"，苏共和苏维埃机关的一般干部和普通党员就出现了相互推诿、不负责任、官僚主义、形式主义盛行等现象。此外，过度集权的必然结果，就是为保证下级的"忠诚"而为其提供更多利益和特权，从而逐渐形成特殊利益集团和官僚特权阶层。这一阶层很容易地从特供商店获得美味佳肴和进口商品，对群众的困窘缺乏亲身感受，也不会有改善人民生活的紧迫感。[①]显然，苏共在一般干部、普通党员和人民群众的凝聚力和号召力，就逐渐消失殆尽。

苏联通过改革新思维走向"人道的民主的社会主义"并没有给人民带来预想中的美好生活。以苏联的国民收入为例，1981—1985年国民收入增长17%，年均增长率为3.4%，而推行"改革新思维"的1986—1990年仅增长6.8%，年均增长率仅为1.3%。其中，1990年更是首次出现负增长下降4%，1991年又下降近15%。在国民生产总值方面，1981—1985年增长19.5%，年均增长率为3.9%。而1986—1990年仅增长13.2%，年均增长率下降为2.6%，

---

① 参见黄苇町：《苏共亡党十年祭》，《南方周末》2001年8月16日，第1版。

1990年下降2%，1991年下降幅度更高达17%。在社会劳动生产率方面，1981—1985年年均增长率为3.1%，1986—1989年则下降到2.7%。其中1990年为−3%，1991年更是降为−10%以上。[①]可见，苏联戈尔巴乔夫时期的改革，导致了苏联历史上创纪录的经济衰退和负增长，在1991年12月苏联解体之后，人民群众在国家解体、经济崩溃、生活困顿中苦不堪言。

20世纪80—90年代初，在资本主义世界"和平演变"的战略图谋下，在社会主义国家探索改革的浪潮中，匈牙利人民共和国、罗马尼亚社会主义共和国、苏联和波兰人民共和国、德意志民主共和国、保加利亚人民共和国、捷克斯洛伐克等纷纷出现混乱和动荡局面，导致苏联解体、东欧各国共产党和工人党纷纷丧失政权，国家或分裂或解体，从社会主义改弦更张到资本主义。然而，实践证明，苏联亡党亡国、东欧剧变，国际共产主义运动和世界社会主义运动遭遇严重挫折，并没有使原苏东地区实现经济发展、人民生活幸福的美好愿景，反而造成长期经济凋敝、人民生活困顿的后果，苏联解体、东欧剧变殷鉴不远。

[①] 参见刘子旭、程恩富：《苏联经济发展状况与苏联解体的原因分析》，《思想理论教育导刊》2018年第1期，第69页。

本章小结

二战前后，在共产国际和苏联的帮助、支持、指导下，出现了一大批新生的社会主义国家。这些国家在探索社会主义建设道路时，大都选择了以苏为师，按照苏联社会主义样板建立起各自的社会主义制度，推进社会主义建设。但在苏联模式高度集中的计划经济和单一公有制所产生的负面影响逐渐暴露之后，也促使各国共产党重新思考本国社会主义革命和建设的方式和道路问题。

南斯拉夫在工人自治和社会自治的基础上，开始探索建设社会主义的"南斯拉夫道路"。中国共产党同样从"以苏为师"到"以苏为鉴"，开启了独立自主探索适合本国特色的社会主义建设道路。资本主义国家的共产党，则在探索适合本国特色的社会主义过渡形式和斗争方式。这些改革和探索，推动马克思主义的本土化进程。

"苏东剧变"是20世纪国际共产主义运动和世界社会主义运动的一件大事，戈尔巴乔夫等人打着"民主化""公开性""多元化"的幌子推动所谓"改革新思维"，建设所谓"人道的民主的社会主义"。在经济上推动经济私有化，对社会主义所有制关系进行深刻变革；在政治上推动政治民主化，放弃共产党的领导地位，推行多党制、总统制、议会制；在文化上推动意识形态多元化，放弃马克思列宁主义的指导地位，大搞历史虚无主义，否定苏联领袖、英雄、历史和制度；加上苏共党内民主缺失、个人专断、脱离群众、贪污腐败等现象严重，官僚主义、形式主义盛行，逐渐形成特殊利益集团和官僚特权阶层等等，最终导致东欧剧变、苏联解体，国际共产主义运动和世界社会主义运动遭遇严重挫折。因此，正确认识苏联解体、东欧剧变的原因，深刻汲取苏东剧变的教训，对各国共产党在国际共产主义运动和世界社会主义运动的低潮中，继续推进本国社会主义事业的发展，推进新形势下国际共产主义运动和世界社会主义运动的发展，以及无产阶级国际联合的新机制，都有着重要意义。

第四章

科学社会主义在中国

——中国特色社会主义的伟大飞跃

马克思和恩格斯创立的马克思主义经过俄国十月革命一声炮响传入中国，使中国的革命面貌发生根本性变化。自1921年7月中国共产党成立后，以毛泽东同志、邓小平同志、江泽民同志、胡锦涛同志、习近平同志为主要代表的中国共产党人，团结带领中国人民，坚持解放思想、实事求是、与时俱进、求真务实，对中国革命、建设、改革和发展历史进程中的时代课题，作出符合中国实际和时代要求的正确回答，形成毛泽东思想、邓小平理论、"三个代表"重要思想、科学发展观、习近平新时代中国特色社会主义思想等马克思主义中国化时代化的理论成果。这些理论成果坚持以马克思主义为指导，并把马克思主义基本原理同中国具体实际相结合、同中华优秀传统文化相结合，推进了中华民族从站起来、富起来到强起来的伟大飞跃。为中国发展打下了更为坚实的物质基础、更为完善的制度保证，使实现中华民族伟大复兴进入了不可逆转的历史进程，使"科学社会主义在二十一世纪的中国焕发出新的蓬勃生机"①。

一、毛泽东思想：马克思主义中国化的第一次历史性飞跃

1840年鸦片战争后，中国逐步沦为半殖民地半封建社会，国家蒙辱、人民蒙难、文明蒙尘。拯救民族危亡、探索中国现代化道路、推动中华民族走上复兴之路，就成为数百年来无数仁人志士的不懈追求。然而，从太平天国运动到"师夷长技以制夷"的洋务运动，从封建王朝上层的戊戌变法到底层民众的义和团运动，包括孙中山先生领导的辛亥革命接连而起，各种救国方案轮番出台，但都没有找到民族复兴的正确道路。

十月革命一声炮响，给中国送来了马克思列宁主义。中国先进的知识分子看到了俄国社会主义革命带来的曙光和希望。在先进的知识分子与工人运动相结合的过程中，中国共产党应运而生，中国革命的前景和民族复兴的希望就历史地落在了中国共产党人的身上。

中国共产党成立之初，党面临的主要任务是，为实现中华民族伟大复兴创造根本社会条件，为此，必须首先推翻帝国主义、

---

① 习近平：《习近平著作选读》第一卷，北京：人民出版社2023年版，第13页。

封建主义、官僚资本主义三座大山，争取民族独立、人民解放。

在马克思列宁主义的指导下，以毛泽东同志为主要代表的中国共产党人，对中国无产阶级革命、社会主义革命和建设道路进行了艰辛探索。

1.对无产阶级革命道路的艰辛探索

起初，中国共产党是按照马克思主义基本原理和科学社会主义基本原则领导革命运动，而没有考虑到中国的特殊国情。按照马克思主义基本原理，"革命是历史的火车头"[①]，"暴力是每一个孕育着新社会的旧社会的助产婆。暴力本身就是一种经济力"[②]。1848年2月，马克思和恩格斯在《共产党宣言》中，即提及了无产阶级革命的道路应当是通过工人革命"使无产阶级上升为统治阶级，争得民主"[③]。在通过革命使自己成为统治阶级之后，才能"以统治阶级的资格用暴力消灭旧的生产关系"[④]，从而最终消灭阶级对立和阶级本身存在的条件，从而走向无阶级社会的共产主义。1921年7月，中国共产党在一大通过的《中国共产党第一个纲领》中即明确："革命军队必须与无产阶级一起推翻资本家阶级的政权，必须支援工人阶级，直到社会的阶级区分消除为

---

① 《马克思恩格斯文集》第二卷，北京：人民出版社2009年版，第161页。
② 《马克思恩格斯文集》第五卷，北京：人民出版社2009年版，第861页。
③ 《马克思恩格斯文集》第二卷，北京：人民出版社2009年版，第52页。
④ 《马克思恩格斯文集》第二卷，北京：人民出版社2009年版，第53页。

止。"①这表明中国共产党从一开始就遵循了马克思主义关于无产阶级运用暴力革命进行阶级斗争的科学社会主义基本原则。

在成立的初期，中国共产党也曾力图通过在工人阶级力量比较雄厚的城市，借鉴1871年法国巴黎公社和1917年俄国十月革命的成功经验，以发动城市武装暴动的方式来实现夺取政权的目的。例如，1926年10月、1927年2月和3月，中国共产党先后领导上海无产阶级举行了三次武装起义。最终在中国这座最大的城市和工业中心取得了革命胜利，成为中国无产阶级运动史上光辉的一页。但是，1927年4月，蒋介石发动了"四·一二"反革命政变背叛革命，篡夺了无产阶级的革命果实，堵死了无产阶级通过"工人运动"和"和平方式"争得无产阶级革命胜利的道路。中国共产党被迫走上武装反抗国民党反动派的道路；但是南昌起义、秋收起义、广州起义等武装起义相继失败，又堵死了通过"武装起义"和"城市暴动"争得无产阶级革命胜利的道路。中国共产党领导的武装力量不得不进入井冈山等反动势力相对薄弱的农村和山区继续进行革命斗争。而"因为有了白色政权间的长期的分裂和战争，便给了一种条件，使一小块或若干小块的共产党领导的红色区域，能够在四围白色政权包围的中间发生和坚持

---

① 《建党以来重要文献选编（1921—1949）》第一册，北京：中央文献出版社2011年版，第1页。

下来"①。由此成立的"红色根据地和割据政权"和"工农武装割据"的思想，就成为中国共产党超越马克思主义关于无产阶级革命当以"武装起义"和"城市暴动"为主的思想。以毛泽东同志为主要代表的中国共产党人找到了"农村包围城市、武装夺取政权"这样一条无产阶级革命的正确道路。

2.对无产阶级革命同盟军的艰辛探索

中国的特殊国情使中国共产党被迫转战农村和山区。无产阶级如何说服和领导农民阶级进行无产阶级革命，就成为中国革命在阶级斗争问题上的重要课题。建党初期党内对待农民问题主要有两种倾向，一种是以陈独秀为代表，只注意同国民党合作；另一种是以张国焘为代表，只注意工人运动。他们都感觉到无产阶级的力量不足，但又因为农民阶级的落后性和劣根性而忽视农民阶级的进步性，因而无法为无产阶级革命找到广大的同盟军。毛泽东同志则较早就认识到农民问题的重要性。1925年12月，毛泽东同志发表了《中国社会各阶级的分析》，指出当时中国"现代工业无产阶级约二百万人"，中国因经济落后，"故现代工业无产阶级人数不多"，且主要集中在"铁路、矿山、海运、纺织、造船五种产业"②中。绝大部分半自耕农和贫农是农村中

---

① 《毛泽东选集》第一卷，北京：人民出版社1991年版，第49页。
② 《毛泽东选集》第一卷，北京：人民出版社1991年版，第7—8页。

一个数量极大的群众。其中贫农更"是农民中极艰苦者，极易接受革命的宣传"。因此，"所谓农民问题，主要就是他们的问题"①。1927年3月，毛泽东同志又在《湖南农民运动考察报告》中强调，"所有各种反对农民运动的议论，都必须迅速矫正。革命当局对农民运动的各种错误处置，必须迅速变更"，如此"才于革命前途有所补益"②。从此，中国共产党找到了农民阶级这个中国无产阶级最广大和最忠实的同盟军。在此后的革命斗争中，作为无产阶级政党的中国共产党保持了对工农联盟的领导权。解决了中国革命中最主要的同盟军问题，中国的无产阶级革命就有了工农联盟，就为革命的胜利奠定了广泛的群众基础。

3.对无产阶级革命阶段的艰辛探索

中国共产党逐步认识到，半殖民地半封建的中国社会，并没有像马克思和恩格斯提到的西欧国家那样，其社会结构和阶级分化已经分为资产阶级和无产阶级的简单对立。中国社会还存在着地主阶级和买办阶级、官僚资产阶级和民族资产阶级，存在着自耕农、手工业主、小知识阶层为主的小资产阶级，存在着半自耕农、贫农、小手工业者、店员、小贩为主的半无产阶级，以及少量的现代工业无产阶级。同时在"三座大山"

---

① 《毛泽东选集》第一卷，北京：人民出版社1991年版，第6页。
② 《毛泽东选集》第一卷，北京：人民出版社1991年版，第12页。

的剥削和压迫下，中国社会结构和阶级分化并无法演化为资产阶级和无产阶级两大阶级简单对立。因此，中国共产党在中国无产阶级革命的阶段性目标和步骤设定上，给出了"新民主主义国家"的方案。1940年1月，毛泽东同志在《新民主主义论》中指出，中国"两半社会"的性质，决定了中国无产阶级革命必须分为两个阶段进行两步走。"第一步，改变这个殖民地、半殖民地、半封建的社会形态，使之变成一个独立的民主主义的社会。第二步，使革命向前发展，建立一个社会主义的社会。"①而这个革命的第一阶段或第一步，"决不是也不能建立中国资产阶级专政的资本主义的社会，而是要建立以中国无产阶级为首领的中国各个革命阶级联合专政的新民主主义的社会"。在此之后，才能发展到第二阶段，"以建立中国社会主义的社会"②。可见，中国无产阶级革命的新的历史特点，就是"中国革命分为两个历史阶段，而其第一阶段是新民主主义的革命"③。这样，中国共产党就根据当时中国内部的政治、经济和阶级关系，决定了中国无产阶级革命的两个阶段、两步走的步骤和目标。这种"中国革命两阶段论"，既秉承马克思主义

---

① 《毛泽东选集》第二卷，北京：人民出版社1991年版，第666页。
② 《毛泽东选集》第二卷，北京：人民出版社1991年版，第672页。
③ 《毛泽东选集》第二卷，北京：人民出版社1991年版，第672页。

进行"无产阶级革命"的科学社会主义基本原则，又切近中国多阶级并存的现实，是马克思主义中国化的创新性发展。

4.对无产阶级专政形式的艰辛探索

无产阶级在取得政权后，采取什么样的形式巩固政权、治国理政，这是无产阶级政党必须解决的问题。马克思和恩格斯曾主张无产阶级革命后必须"打碎旧的国家机器"，建立"无产阶级专政"，并且这个专政"不过是达到消灭一切阶级和进入无阶级社会的过渡……"①由于中国的无产阶级革命不仅存在着工人阶级同农民阶级的联盟，而且还存在着工人阶级同民族资产阶级的联盟，中国的无产阶级革命所要建立的国家政权只能是"建立无产阶级领导的以工农联盟为基础的人民民主专政"②。1949年10月，新中国成立初期的《中国人民政治协商会议共同纲领》就规定，"中华人民共和国为新民主主义即人民民主主义的国家，实行工人阶级领导的，以工农联盟为基础的、团结各民主阶级和国内各民族的人民民主专政"③，"人民行使国家政权的机关为各级人民代表大会和各级人民政府"④。到1956

---

① 《马克思恩格斯文集》第十卷，北京：人民出版社2009年版，第106页。

② 《毛泽东文集》第五卷，北京：人民出版社1996年版，第135页。

③ 《建国以来重要文献选编》第一册，北京：中央文献出版社2011年版，第2页。

④ 《建国以来重要文献选编》第一册，北京：中央文献出版社2011年版，第3页。

年社会主义改造完成之后，由于剥削阶级已经被改造或消灭，大规模疾风骤雨式的阶级斗争已经结束。1957年2月27日，毛泽东同志在《关于正确处理人民内部矛盾的问题》中，就提出中国存在着敌我矛盾和人民内部矛盾这两类完全不同性质的矛盾。在现阶段，在建设社会主义的时期，"一切赞成、拥护和参加社会主义建设事业的阶级、阶层和社会集团，都属于人民的范围"[①]，因此人民内部矛盾就成为中国社会主义社会的主要矛盾。这一矛盾"包括工人阶级内部的矛盾，农民阶级内部的矛盾，知识分子内部的矛盾，工农两个阶级之间的矛盾，工人、农民同知识分子之间的矛盾，工人阶级和其他劳动人民同民族资产阶级之间的矛盾，民族资产阶级内部的矛盾"[②]，等等。这类矛盾因为是在人民根本利益一致基础上的矛盾，因而是非对抗性质的矛盾。毛泽东同志提出，解决这类矛盾，要采取"团结——批评——团结"的方法，即"从团结的愿望出发，经过批评或者斗争使矛盾得到解决，从而在新的基础上达到新的团结"[③]。这样，人民民主专政的国体和人民代表大会制度的政体，加上中国共产党领导的多党合作和政治协商制度，民族区域自

---

① 《毛泽东文集》第七卷，北京：人民出版社1999年版，第205页。
② 《毛泽东文集》第七卷，北京：人民出版社1999年版，第205页。
③ 《毛泽东文集》第七卷，北京：人民出版社1999年版，第210页。

治制度和基层群众自治制度等基本政治制度的逐步建立，就成为以毛泽东同志为主要代表的中国共产党人在科学社会主义关于"无产阶级专政形式"上的继承和发展。

5.对社会主义革命道路的艰辛探索

新民主主义革命的胜利，完成了中国无产阶级革命的第一阶段、第一步。进入无产阶级革命的第二阶段、第二步，中国共产党面临的主要任务是：实现从新民主主义到社会主义的转变，进行社会主义革命，探索社会主义建设道路，为实现中华民族伟大复兴奠定根本政治前提和制度基础。

马克思主义基本原理始终强调经济基础和生产资料所有制的重要性。马克思和恩格斯指出，如果要用一句话概括共产党人的理论，那就是："消灭私有制。"①他们强调，共产党人"在所有这些运动中，他们都强调所有制问题是运动的基本问题，不管这个问题的发展程度怎样"②。因此，科学社会主义基本原则是要求彻底改造乃至消灭资本主义生产关系或私有制的。但是，中国和列宁所面对的俄国类似，是要在经济技术文化都相对落后的条件下进行社会主义革命和建设。因此，中国共产党对联合中的民族资产阶级和小资产阶级，以及对农民阶级都不能采取过激的强制

---

① 《马克思恩格斯文集》第二卷，北京：人民出版社2009年版，第45页。
② 《马克思恩格斯文集》第二卷，北京：人民出版社2009年版，第66页。

方式。1953年12月，毛泽东在审阅中共中央宣传部编写的《为动员一切力量将我国建设成为一个伟大的社会主义国家而斗争——关于党在过渡时期总路线的学习和宣传提纲》稿时，提出："要在一个相当长的时期内，逐步实现国家的社会主义工业化，并逐步实现国家对农业、对手工业和对资本主义工商业的社会主义改造。"①这就提出了从新民主主义向社会主义过渡的"过渡时期总路线"，也就是"一化三改"。其中，"一化"作为主体，以发展重工业为中心环节，以建立国家工业化和国防现代化为基础；"三改"作为两翼，以对农业和手工业采用说服教育、示范和国家援助的方法，经过合作化的道路完成社会主义改造。对资本主义工商业的改造，中国共产党更是采取了利用、限制、改造的方针和分阶段、有步骤推进的方式。第一步，要求把私人资本引导到国家资本主义的轨道上来；第二步，要求逐步地变国家资本主义经济为社会主义经济。当时，党中央估计这不是"三五年所能办到的，而需要几个五年计划的时间"。因此"既要反对遥遥无期的思想，又要反对急躁冒进的思想"②。尽管在革命热情和急于求成等多种因素下，1956年即基本完成了改造任务，但是"社会主义改造"作为中国共产党探索中国社会主义革命道路的重要形式，

---

① 《毛泽东文集》第六卷，北京：人民出版社1999年版，第316页。
② 《毛泽东文集》第六卷，北京：人民出版社1999年版，第293页。

实现了由新民主主义社会向社会主义社会的顺利过渡，基本实现了生产资料公有制和按劳分配，建立起社会主义经济制度，为后续中国探索社会主义建设道路奠定了坚实基础。其逐步改造的渐进方式相较于激进的彻底改造乃至消灭的方式，更是对科学社会主义关于"生产资料所有制变革"的原创性探索。

6.对社会主义建设道路的艰辛探索

社会主义改造基本完成后，中国社会的主要矛盾就不再是无产阶级和资产阶级的矛盾，而是人民对于经济文化迅速发展的需要同当前经济文化不能满足人民需要的状况之间的矛盾。此后，中国共产党面临的主要任务是：集中力量解放和发展社会生产力，实现国家工业化，逐步满足人民日益增长的物质和文化需要。起初，在缺乏社会主义建设经验的情况下，中国和许多社会主义国家都采取"以苏为师"。毛泽东同志认为："他们已经建设起来了一个伟大的光辉灿烂的社会主义国家，苏联共产党就是我们的最好的先生，我们必须向他们学习。"[1]这样，中国基本上照抄照搬了苏联社会主义建设中的单一公有制、计划经济和按劳分配等等。但是，这种模式僵化教条和轻、重工业失衡等弊端也开始显现。毛泽东同志开始思索并提出"以苏为鉴"，"照抄是

---

① 《毛泽东选集》第四卷，北京：人民出版社1991年版，第1481页。

很危险的，成功的经验，在这个国家是成功的，但在另一个国家如果不同本国的情况相结合而一模一样地照搬就会导向失败"①。中国共产党开始独立探索自己的社会主义建设道路。1958年5月，中国共产党第八次全国代表大会第二次全体会议根据毛泽东的创议，通过了"鼓足干劲、力争上游、多快好省地建设社会主义"的总路线②。尽管在后来的社会主义建设实践中，出现了不少忽视经济建设客观规律、夸大主观意志和精神激励的现象，导致社会主义建设出现了波折和反复，但是，中国共产党通过"新民主主义革命总路线""过渡时期总路线""社会主义建设总路线"等的制定，带领中国人民完成了新民主主义革命，进行了社会主义改造，探索了社会主义建设道路，成功实现了中国历史上最深刻最伟大的社会变革，为当代中国一切发展进步奠定了根本政治前提和制度基础。

在革命斗争中，以毛泽东同志为主要代表的中国共产党人，把马克思列宁主义基本原理同中国具体实际相结合，开辟了农村包围城市、武装夺取政权的正确革命道路，创立了毛泽东思想，为夺取新民主主义革命胜利指明了正确方向，建立新民主主义国家，实现人民民主专政。在社会主义革命和建设时期，又提出了正确处

---

① 《毛泽东文集》第七卷，北京：人民出版社1999年版，第64页。
② 《中国共产党简史》，北京：人民出版社、中共党史出版社2021年版，第193页。

理两类不同性质的矛盾，正确处理社会主义建设的十大关系，独立探索适合中国国情的工业化道路等独创性理论成果。毛泽东思想是马克思列宁主义在中国的创造性运用和发展，是被实践证明了的关于中国革命和建设的正确的理论原则和经验总结，是马克思主义中国化的第一次历史性飞跃。毛泽东思想的活的灵魂是贯穿于各个组成部分的立场、观点、方法，体现为实事求是、群众路线、独立自主三个基本方面，为党和人民事业发展提供了科学指引。

二、中国特色社会主义理论体系：马克思主义中国化新的飞跃

进入改革开放和社会主义现代化建设新时期，中国共产党面临的主要任务是：解放和发展社会生产力，继续探索中国社会主义的建设道路，使人民摆脱贫困、尽快富裕起来。

在马克思列宁主义、毛泽东思想的指导下，以邓小平同志、江泽民同志、胡锦涛同志为主要代表的中国共产党人，对中国社会主义建设道路继续进行了开拓性探索，形成了中国特色社会主义理论体系。

1.探索和回答了什么是社会主义、怎样建设社会主义这一根本问题

1978年12月党的十一届三中全会提出把党和国家工作中

心转移到经济建设上来，中国共产党开始了建设有中国特色社会主义的探索，这也成为邓小平理论形成的开端。1982年9月，党的十二大明确提出，走自己的道路，建设有中国特色的社会主义。1987年10月，党的十三大明确提出社会主义初级阶段的理论和社会主义初级阶段的基本路线，制定了"三步走"现代化发展战略。1992年10月，党的十四大明确提出了建设有中国特色社会主义的理论，概括了建设有中国特色社会主义理论的主要内容，确定了中国经济体制改革的目标模式。1997年9月，党的十五大明确将"建设有中国特色社会主义理论"提炼为"邓小平理论"。

从改革开放之初，邓小平同志就始终在思考"什么是社会主义、怎样建设社会主义"这个建设中国特色社会主义首要的、基本的理论问题。他认为，社会主义是一个很好的名词，但是如果搞不好，不能正确理解，不能采取正确的政策，那就体现不出社会主义的本质。早在1980年4月12日，邓小平在会见外宾时就提道，"不解放思想不行，甚至于包括什么叫社会主义这个问题也要解放思想。经济长期处于停滞状态总不能叫社会主义。人民生活长期停止在很低的水平总不能叫社会主义"①。1985年8月

---

① 《邓小平文选》第二卷，北京：人民出版社1994年版，第312页。

28日，邓小平在会见外宾时再次谈道，"社会主义是什么，马克思主义是什么，过去我们并没有完全搞清楚"。他指出，"社会主义的任务很多，但根本一条就是发展生产力"①。同时，他也多次提出贫穷不是社会主义、两极分化也不是社会主义。经过长时间的思考，1992年1月18日至2月21日，邓小平同志在武昌、深圳、珠海、上海等地视察时明确指出："社会主义的本质，是解放生产力，发展生产力，消灭剥削，消除两极分化，最终达到共同富裕。"②这是邓小平同志对社会主义本质问题深入思考后作出的科学概括，既包括了社会主义社会的生产力问题，又包括了以社会主义生产关系为基础的社会关系问题，从而形成一个有机的整体。

对"社会主义本质"的重新认识，带动了对改革开放、"计划"和"市场"等关系的思考。新中国成立初期，中国选择了依靠计划推动工业化的路径，在短短的二十多年中就迅速建成了比较独立完善的工业体系，为改革开放后的经济增长和社会进步奠定了基础。但是计划经济造成的体制僵化、滞后影响生产积极性等弊端也凸显出来。在改革开放之后，邓小平同志对"计划"和"市场"的性质和作用进行了重新思考。他强

---

① 《邓小平文选》第三卷，北京：人民出版社1993年版，第137页。
② 《邓小平文选》第三卷，北京：人民出版社1993年版，第373页。

调，"革命和建设都要走自己的路"①，"改革是中国的第二次革命"②，要求有步骤地展开经济、政治、文化等各方面的体制改革。他认为，"社会主义和市场经济不存在根本矛盾"③，"计划和市场都是发展生产力的方法"④，"计划经济不等于社会主义，资本主义也有计划；市场经济不等于资本主义，社会主义也有市场。计划和市场都是经济手段"⑤。在此基础上，中国共产党对完全的计划经济做出了调整，逐步过渡到通过指导性计划放开企业经营自主权，又从有计划的商品经济走向了社会主义市场经济，直到2019年党的十九届四中全会将社会主义市场经济体制上升为社会主义基本经济制度。

2.对社会主义发展阶段的科学判断

社会主义的发展要有步骤、分阶段地进行，是科学社会主义关于"社会主义建设问题"的基本观点。马克思和恩格斯曾对未来社会发展的不同阶段进行过思考。1875年4—5月，在《哥达纲领批判》中，马克思第一次区分了共产主义社会发展的两个阶段，即"第一阶段"和"高级阶段"，并阐明了两个阶段的基本

① 《邓小平文选》第三卷，北京：人民出版社1993年版，第94页。
② 《邓小平文选》第三卷，北京：人民出版社1993年版，第113页。
③ 《邓小平文选》第三卷，北京：人民出版社1993年版，第148页。
④ 《邓小平文选》第三卷，北京：人民出版社1993年版，第203页。
⑤ 《邓小平文选》第三卷，北京：人民出版社1993年版，第373页。

特征。马克思并且设想，"在资本主义社会和共产主义社会之间，有一个从前者变为后者的革命转变时期。同这个时期相适应的也有一个政治上的过渡时期，这个时期的国家只能是无产阶级的革命专政"①，这就提出了关于"过渡时期（过渡阶段）"的理论思考和阶段特征。列宁对马克思恩格斯的社会发展阶段理论进行了继承和创新。1917年8—9月，在《国家与革命》中，列宁明确了马克思提到的共产主义社会"第一阶段"和"高级阶段"，是在经济上成熟程度不同的两个阶段。他把马克思所说的"共产主义社会第一阶段"或"低级阶段"称为"社会主义社会"，并对这一阶段无产阶级专政与民主的关系、国家消亡与经济基础的关系等进行了思考。1959年底至1960年初，毛泽东同志在读苏联《政治经济学教科书》时也提出，"社会主义这个阶段，又可能分为两个阶段，第一个阶段是不发达的社会主义，第二个阶段是比较发达的社会主义。后一阶段可能比前一阶段需要更长的时间"②。这些思考和探索，就为社会主义初级阶段理论的提出奠定了科学基础。

改革开放后，中国共产党人深刻总结世界社会主义特别是中国社会主义建设正反两方面经验，作出中国正处于并将长期处

---

① 《马克思恩格斯文集》第三卷，北京：人民出版社2009年版，第445页。
② 《毛泽东文集》第八卷，北京：人民出版社1999年版，第116页。

于社会主义初级阶段的重大判断。1987年10月，党的十三大明确提出"社会主义初级阶段"的论断。这个论断包括两层含义，"第一，我国社会已经是社会主义社会，我们必须坚持而不能离开社会主义；第二，我国的社会主义社会还处在初级阶段，我们必须从这个实际出发，而不能超越这个阶段"①。有了"社会主义初级阶段"的正确论断，中国社会主义建设就回到了正视基本国情、尊重客观规律的基础上。在此基础上，中国共产党判断在初级阶段所面临的主要矛盾，是"人民日益增长的物质文化需要同落后的社会生产之间的矛盾"，从而提出党在这一发展阶段的根本任务，制定了建设小康社会和现代化建设"三步走"发展战略，以及此后社会主义初级阶段各个不同发展时期的一系列阶段性目标。

3.提出建设有中国特色的社会主义

1978年12月18日至22日，党的十一届三中全会召开。全会在解决了党的思想路线问题的基础上，决定"全党工作的着重点应该从一九七九年转移到社会主义现代化建设上来"②，强调"把工作中心转入社会主义现代化建设"③。这就确定了改革开

---

① 《中国共产党简史》，北京：人民出版社2021年版，第255页。
② 《三中全会以来重要文献选编》上卷，北京：人民出版社1982年版，第1页。
③ 《三中全会以来重要文献选编》上卷，北京：人民出版社1982年版，第14页。

放新时期党和国家工作中心的转移，使全党开始集中精力发展生产、进行经济建设。1982年9月，中国共产党第十二次全国代表大会召开。邓小平同志在致开幕词时明确提出，"我们的现代化建设，必须从中国的实际出发。无论是革命还是建设，都要注意学习和借鉴外国经验。但是，照抄照搬别国经验、别国模式，从来不能得到成功"。因此，"把马克思主义的普遍真理同我国的具体实际结合起来，走自己的道路，建设有中国特色的社会主义，这就是我们总结长期历史经验得出的基本结论"[①]。由此，走自己的道路，建设有中国特色的社会主义，就成为此后中国探索社会主义建设道路的主题和主线。1987年10月，中国共产党第十三次全国代表大会召开。在"社会主义初级阶段"的科学判断基础上，十三大确定了党的建设有中国特色的社会主义的基本路线，"领导和团结全国各族人民，以经济建设为中心，坚持四项基本原则，坚持改革开放，自力更生，艰苦创业，为把我国建设成为富强、民主、文明的社会主义现代化国家而奋斗"[②]。概括来说其主要内容就是"一个中心、两个基本点"其中，以经济建设为中心是兴国之要，四项基本原则是立国之本，改革开放是强国

---

① 《邓小平文选》第三卷，北京：人民出版社1993年版，第2—3页。
② 《十三大以来重要文献选编》上卷，北京：人民出版社1991年版，第15页。

之路。这两个基本点，相互贯通又相互依存，统一于建设有中国特色的社会主义的实践。同时，中国经济建设的"三步走"战略也得以形成，"第一步，实现国民生产总值比一九八〇年翻一番，解决人民的温饱问题。这个任务已经基本实现。第二步，到本世纪末，使国民生产总值再增长一倍，人民生活达到小康水平。第三步，到下个世纪中叶，人均国民生产总值达到中等发达国家水平，人民生活比较富裕，基本实现现代化。然后，在这个基础上继续前进"①。此后，在社会主义发展道路、发展阶段、根本任务、发展动力、外部条件、政治保证、战略步骤、领导力量和依靠力量、祖国统一等重大问题上，中国共产党逐步形成的一系列相互联系的基本观点，构成了建设有中国特色社会主义理论的科学体系。1997年9月，党的十五大首次使用"邓小平理论"这个概念，把这一理论作为指引党继续前进的旗帜。

4.加深了对建设什么样的党、怎样建设党的认识

党的十三届四中全会以后，以江泽民同志为主要代表的中国共产党人，对什么是社会主义、怎样建设社会主义和建设什么样的党、怎样建设党的重大问题继续进行了思考和实践，形成了"三个代表"重要思想。江泽民同志强调，"要把中国的事情办

---

① 《十三大以来重要文献选编》上卷，北京：人民出版社1991年版，第16页。

好，关键取决于我们党，取决于党的思想、组织、作风、纪律状况和战斗力、领导水平"[①]。

在革命、建设、改革的各个历史时期，中国共产党总是"代表着中国先进生产力的发展要求，代表着中国先进文化的前进方向，代表着中国最广大人民的根本利益"[②]。然而，在改革开放和发展社会主义市场经济的条件下，社会经济成分、组织形式、就业方式、利益关系和分配方式多样化的趋势进一步发展，导致党内在思想上、组织上、作风上出现了一些不符合甚至违背党和人民利益的问题。为此，江泽民同志提出，必须在坚持党的基本理论、基本路线、基本纲领、基本经验的基础上，全面推进党的建设新的伟大工程。江泽民同志提出，新的伟大工程的总目标，就是要"把党建设成为用邓小平理论武装起来、全心全意为人民服务、思想上政治上组织上完全巩固、能够经受住各种风险、始终走在时代前列、领导全国人民建设有中国特色社会主义的马克思主义政党"[③]。按照新的伟大工程的总目标，党的建设应当从思想上、组织上、作风上全面加强，应当不断提高领导水平和执政水平，不断增强拒腐防变的能力，从而使党能够以新的面

---

① 《江泽民文选》第三卷，北京：人民出版社2006年版，第1页。

② 《江泽民文选》第三卷，北京：人民出版社2006年版，第2页。

③ 《江泽民文选》第二卷，北京：人民出版社2006年版，第43页。

貌和更强大的战斗力，完成社会主义改革和建设新的历史任务。

20世纪80年代末90年代初，伴随苏联解体、东欧剧变，国际敌对势力加紧推行和平演变战略，培植、煽动社会主义国家内的反共反社会主义势力，"这是世界范围内两种社会制度、两种思想体系长期对立和斗争的继续，是在国际形势缓和过程中重新出现的尖锐化表现"①。在国内外形势十分复杂、世界社会主义出现严重曲折的严峻考验面前，以江泽民同志为主要代表的中国共产党人坚持马克思主义，坚持改革开放和四项基本原则，在关系到党和人民的前途命运、关系社会主义和世界人民的前途命运的斗争中，捍卫了中国特色社会主义。

新时期推进经济体制改革的根本任务，就是要尽快建立起新的社会主义经济体制。改革开放以来，党对计划和市场的关系问题的认识，经历了一个不断变化的过程。1982年党的十二大提出了计划经济为主、市场调节为辅。1984年党的十二届三中全会通过的《中共中央关于经济体制改革的决定》，提出了社会主义经济是"公有制基础上的有计划的商品经济"。1987年党的十三大提出了社会主义有计划的商品经济。1989年党的十三届四中全会后提出了建立适应社会主义有计划商品经济发展的、计

---

① 《江泽民文选》第一卷，北京：人民出版社2006年版，第88页。

划经济与市场调节相结合的经济体制和运行机制。1992年6月9日，江泽民同志在中共中央党校省部级干部进修班上的讲话中提道，"我个人的看法，比较倾向于使用'社会主义市场经济体制'这个提法"①。1992年10月12日，江泽民同志在党的十四大上即明确提出，经济体制改革的目标是"在坚持公有制和按劳分配为主体、其他经济成分和分配方式为补充的基础上，建立和完善社会主义市场经济体制"②。这就明确将"社会主义市场经济体制"确定为中国经济体制改革的目标。同时，江泽民同志还强调社会主义初级阶段的基本经济制度的重要性。1997年1月17日，江泽民同志在中国共产党第十五次全国代表大会文件起草组会议上讲话时提出，"坚持公有制为主体、多种所有制经济共同发展，是党通过长期实践总结出来的基本经验，应该确立为我国社会主义初级阶段的一项基本经济制度"③。他强调，这一基本经济制度在任何情况下都不能动摇。

这样，以江泽民同志为主要代表的中国共产党人，开创全面改革开放新局面，推进党的建设新的伟大工程，成功把中国特色社会主义推向21世纪。

---

① 《江泽民文选》第一卷，北京：人民出版社2006年版，第202页。
② 《江泽民文选》第一卷，北京：人民出版社2006年版，第219页。
③ 《江泽民文选》第一卷，北京：人民出版社2006年版，第613页。

5.认识和回答了实现什么样的发展、怎样发展等重大问题

党的十六大以后，以胡锦涛同志为主要代表的中国共产党人，在全面建设小康社会进程中推进实践创新、理论创新和制度创新，深刻认识和回答了新形势下实现什么样的发展、怎样发展等重大问题，形成了科学发展观，成功在新形势下坚持和发展了中国特色社会主义。

面对国内外形势的新发展，胡锦涛同志提出了重要战略机遇期的判断。2002年9月2日，胡锦涛同志在中共中央党校秋季开学典礼的讲话中，即提出"综观全局，今后一二十年，对我国来说是可以大有作为的重要战略机遇期"①。他要求在本世纪头二十年的这个重要战略机遇期，必须"聚精会神搞建设，一心一意谋发展，大力推进改革开放，促进社会主义物质文明、政治文明、精神文明协调发展"②，以便坚定不移地朝着全面建设小康社会的目标前进。

提出了科学发展观。2003年10月14日，胡锦涛同志在中共十六届三中全会第二次全体会议上讲话时，即提出了"树立和落实全面发展、协调发展、可持续发展的科学发展观，对于我们

---

① 《胡锦涛文选》第一卷，北京：人民出版社2016年版，第559页。
② 《胡锦涛文选》第二卷，北京：人民出版社2016年版，第37—38页。

更好坚持发展才是硬道理的战略思想具有重大意义"①，这是二十多年改革开放实践的经验总结，也是推进全面建设小康社会的迫切要求。2004年3月10日，胡锦涛同志在中央人口资源环境工作座谈会上，对科学发展观的科学内涵和基本要求作了进一步阐释。"坚持以人为本、全面协调可持续的发展观"，其中的"以人为本"，就是要以人的全面发展为目标，从人民群众根本利益出发谋发展、促发展，在满足人民群众日益增长的物质文化需要的基础上，"切实保障人民群众经济、政治、文化权益，让发展成果惠及全体人民"。"全面发展"，就是要以经济建设为中心，全面推进经济、政治、文化建设，实现经济发展和社会全面进步。"协调发展"，就是要做到"五个统筹"，即统筹城乡发展、统筹区域发展、统筹经济社会发展、统筹人与自然和谐发展、统筹国内发展和对外开放。"可持续发展"，就是要促进人与自然的和谐，实现经济发展和人口、资源、环境相协调，坚持"走生产发展、生活富裕、生态良好的文明发展道路"②，保证后代永续发展。其基本要求，一是必须始终坚持以经济建设为中心，聚精会神搞建设，一心一意谋发展。二是推动社会全面进步和人的全面发展，促进社会主义物质文明、政治文明、精神文明相协调。

---

① 《胡锦涛文选》第二卷，北京：人民出版社2016年版，第104页。
② 《胡锦涛文选》第二卷，北京：人民出版社2016年版，第167页。

三是提高经济增长质量和效益，努力实现速度和结构、质量、效益相统一，不断增强发展的可持续性。四是坚持理论联系实际，因地制宜、因时制宜把科学发展观要求贯穿于各方面工作。

提出了构建和谐社会。2002年11月，党的十六大把社会更加和谐作为党要为之奋斗的一个重要目标明确提出来，这在"党历次代表大会的报告中是第一次"[①]。2005年2月19日，胡锦涛同志在省部级主要领导干部提高构建社会主义和谐社会能力专题研讨班上，提出把"提高构建社会主义和谐社会能力作为加强党的执政能力建设的重要内容"[②]，这是党的十六大和十六届三中、四中全会提出的重大任务。2004年9月，党的十六届四中全会，又进一步提出了构建社会主义和谐社会的任务。这表明，中国特色社会主义事业总体布局更加明确地由"社会主义经济建设、政治建设、文化建设三位一体发展为社会主义经济建设、政治建设、文化建设、社会建设四位一体"[③]。从而使社会主义物质文明、政治文明、精神文明建设与和谐社会建设能够全面协调地一体推进。

提出了加强党的执政能力建设和先进性建设。在战略发展重要机遇期和矛盾凸显期同时存在，党的执政环境和条件、执

① 《胡锦涛文选》第二卷，北京：人民出版社2016年版，第274页。
② 《胡锦涛文选》第二卷，北京：人民出版社2016年版，第273页。
③ 《胡锦涛文选》第二卷，北京：人民出版社2016年版，第274页。

政目标和任务、执政方式和方法，以及党员干部队伍的思想和状况发生深刻变化的情况下，执政能力建设就成为马克思主义执政党的一项根本建设。2005年9月3日，胡锦涛同志在纪念中国人民抗日战争暨世界反法西斯战争胜利六十周年大会上提出，"坚定不移加强党的执政能力建设和先进性建设，确保党始终走在时代前列"①。2006年6月29日，胡锦涛同志在主持中共十六届中央政治局第三十二次集体学习时，又提出"科学执政、民主执政、依法执政，是新的历史条件下加强党的执政能力建设和先进性建设的重要内容"②。为此，他提出，要坚持以加强党的执政能力建设和先进性建设为重点，解决好不断提高领导水平和执政水平、提高拒腐防变和抵御风险能力这两大历史性课题，不断提高马克思主义执政党的创造力、凝聚力、战斗力，不断推进党执政的科学化、民主化、法治化，进而全面推进党的建设新的伟大工程。

这样，以胡锦涛同志为主要代表的中国共产党人，就在改革开放新形势下，形成了科学发展观。在这一时期，强调要抓住重要战略机遇期，聚精会神搞建设，一心一意谋发展，强调坚持以人为本、全面协调可持续发展，着力保障和改善民生，促进社会

---

① 《胡锦涛文选》第二卷，北京：人民出版社2016年版，第343页。
② 《胡锦涛文选》第二卷，北京：人民出版社2016年版，第460页。

公平主义，推进党的执政能力建设和先进性建设，成功在新形势下坚持和发展了中国特色社会主义。

总之，以邓小平同志、江泽民同志、胡锦涛同志为主要代表的中国共产党人，在改革开放和社会主义现代化建设新时期，坚持和发展马克思主义，深刻认识和回答了什么是社会主义、怎样建设社会主义，建设什么样的党、怎样建设党，实现什么样的发展、怎样发展等重大问题，从新的实践和时代特征出发坚持和发展马克思主义，形成了中国特色社会主义理论体系，实现了马克思主义中国化新的飞跃。

三、习近平新时代中国特色社会主义思想：当代中国马克思主义、二十一世纪马克思主义

党的十八大以来，中国特色社会主义进入新时代。中国共产党面临的主要任务是，实现第一个百年奋斗目标，开启实现第二个百年奋斗目标新征程，朝着实现中华民族伟大复兴的宏伟目标继续前进。

以习近平同志为主要代表的中国共产党人，在新的历史条件下，坚持把马克思主义基本原理同中国具体实际相结合、同中华优秀传统文化相结合，从新的实际出发，创立了习近平新时代中国特色社会主义思想。习近平同志对关系新时代党和国家事业发

展的一系列重大理论和实践问题进行了深邃思考和科学判断，就新时代"坚持和发展什么样的中国特色社会主义、怎样坚持和发展中国特色社会主义，建设什么样的社会主义现代化强国、怎样建设社会主义现代化强国，建设什么样的长期执政的马克思主义政党、怎样建设长期执政的马克思主义政党"①等重大时代课题，提出一系列原创性的治国理政新理念新思想新战略，是习近平新时代中国特色社会主义思想的主要创立者。

1. 丰富和发展了马克思主义科学理论体系

创立习近平新时代中国特色社会主义思想。2022年10月，党的二十大报告指出，党的十九大、十九届六中全会提出的"十个明确""十四个坚持""十三个方面成就"概括了习近平新时代中国特色社会主义思想的主要内容。

这三方面主要内容，分别从理论层面、方略层面、实践层面总结概括了习近平新时代中国特色社会主义思想的主要观点和基本原则、主要经验和基本要求、行动纲领和实践成就，从而实现了理论观点、基本方略、实践成果的三层次理论建构，构成了系统全面、逻辑严密、内在统一的科学理论体系。

其中，"十个明确"是十九届六中全会审议通过的《中共中

---

① 《中共中央关于党的百年奋斗重大成就和历史经验的决议》，北京：人民出版社2021年版，第25—26页。

央关于党的百年奋斗重大成就和历史经验的决议》中提出的，它从理论层面概括了习近平新时代中国特色社会主义思想的主要观点和基本原则，是支撑习近平新时代中国特色社会主义思想这座理论大厦的主体部分和"四梁八柱"。这"十个明确"所提出的主要观点和基本原则，是党对中国特色社会主义建设规律认识深化和理论创新的重大成果。它明确了党的领导与中国特色社会主义的内在关系，中国特色社会主义与中国式现代化、中华民族伟大复兴的关系，明确了新时代人民至上的信念和价值取向，明确了解决新时代社会主要矛盾的根本着力点，明确了中国特色社会主义事业的总体布局和战略布局，明确了全面深化改革总目标、全面推进依法治国总目标，明确了新发展格局和新发展理念、新时代的强军目标和大国外交方针，明确了全面从严治党的战略方针，等等，标志着中国共产党对马克思主义建党学说和社会主义发展规律的认识达到新的高度。

"十四个坚持"是党的十九大报告中提出的，它从方略层面概括了习近平新时代中国特色社会主义思想的主要经验和基本要求，是对新时代中国共产党治国理政重大方针原则的高度凝练和科学概况。具体是：（一）坚持党对一切工作的领导，（二）坚持以人民为中心，（三）坚持全面深化改革，（四）坚持新发展理念，（五）坚持人民当家作主，（六）坚持全面依法治国，（七）坚持社会主义核心价值体系，（八）坚持在发展中保障和改善民生，（九）坚持人与自然和谐共生，（十）坚持总体国家安全观，（十一）坚持党对人民军队的绝对领导，（十二）坚持"一国两制"和推进祖国统一，（十三）坚持推动构建人类命运共同体，（十四）坚持全面从严治党。①这"十四个坚持"，构成了新时代坚持和发展中国特色社会主义的基本方略，明确了今后坚持和发展中国特色社会主义的根本要求、价值取向、发展目标、发展理念、发展步骤、实践路径等等，从而能使党更好地引领中国特色社会主义事业发展。

"十三个方面成就"是十九届六中全会审议通过的《中共中央关于党的百年奋斗重大成就和历史经验的决议》中提出的，它从实践层面概括了习近平新时代中国特色社会主义思想的行动纲领和实践成就，全景展示了以习近平同志为核心的党中央在新时代治国理政的理念、经验和成果。这"十三个方面成就"，是按照党建、经济、政治、文化、社会、生态、国防、外交等各个领域层层展开，涵盖了改革发展稳定、内政外交国防、治党治国治军等方方面面，总结了党中央在新时代治国理政的理念、经验和成果。同时，它和"十四个坚持"的内容也是基本对应的。例如，"十四个坚持"提出"坚持党对一切工作的领导"，"十三个

---

① 参见《十九大以来重要文献选编》上卷，北京：中央文献出版社2019年版，第14—18页。

方面成就"就对应展示了"在坚持党的全面领导"方面的行动纲领和实践成就；"十四个坚持"提出"坚持新发展理念"，"十三个方面成就"就对应展示了"在经济建设"方面的行动纲领和实践成就；"十四个坚持"提出"坚持总体国家安全观"，"十三个方面成就"就对应展示了"在维护国家安全"方面的行动纲领和实践成就，等等。而"坚持以人民为中心"则作为根本立场，贯穿在"十三个方面成就"之中。从而构成了理论与实践相结合、方略与成果相呼应的逻辑整体。

总之，"十个明确""十四个坚持""十三个方面成就"相互贯通、相互呼应，全面涵盖了坚持和发展中国特色社会主义的总目标、总任务、总体布局、战略布局，以及发展方向、发展方式、发展动力、战略步骤、外部条件、政治保证等基本问题。全面总结了习近平新时代中国特色社会主义思想的基本观点、基本原则、基本方略、基本方法、基本经验等核心要义。在新时代新征程上坚持和发展中国特色社会主义，需要全面地、系统地学习掌握习近平新时代中国特色社会主义思想的丰富内涵和科学体系，坚持不懈用这一创新理论武装头脑、指导实践、推动工作。

在此基础上，党的二十大报告又提出了"十六个方面成就"。它概括了新时代十年，中国共产党团结带领全国各族人民，在坚持马克思列宁主义、毛泽东思想、邓小平理论、"三个代表"重要思想、科学发展观，全面贯彻习近平新时代中国特色社会主义思想，全面贯彻党的基本路线、基本方略的情况下，取得的历史性成就、发生的历史性变革。它是对十九届六中全会概括的"十三个方面成就"的进一步补充和扩展。这"十六个方面成就"，从理论创新、党的领导、战略部署、脱贫攻坚、新发展理念、全面深化改革、国防外交、祖国统一等方面，总结了新时代的原创性思想、变革性实践、突破性进展和标志性成果，验证了习近平新时代中国特色社会主义思想在推进马克思主义中国化时代化、指导中国特色社会主义建设实践上的科学性和有效性，为新时代党和国家事业发展提供了根本遵循。

同时，习近平新时代中国特色社会主义思想提出了自己的世界观和方法论。党的二十大报告强调，必须坚持人民至上、坚持自信自立、坚持守正创新、坚持问题导向、坚持系统观念、坚持胸怀天下。[①]这"六个坚持"鲜明提出了继续推进党的理论创新的根本要求，对于正确认识把握习近平新时代中国特色社会主义思想的精神实质，深刻领会党的创新理论的道理学理哲理具有重大意义。通过新时代十年提出的一系列原创性的治国理政新理念新思想

---

① 习近平：《高举中国特色社会主义伟大旗帜　为全面建设社会主义现代化国家而团结奋斗——在中国共产党第二十次全国代表大会上的报告》，北京：人民出版社2022年版，第19—21页。

新战略，习近平新时代中国特色社会主义思想就丰富和发展了马克思主义科学理论体系，开辟了马克思主义中国化时代化新境界。

2.提出了马克思主义"两个结合"的要求

中国共产党人一百余年的实践证明，只有把马克思主义基本原理同中国具体实际相结合、同中华优秀传统文化相结合，才能正确回答时代和实践提出的重大问题，才能始终保持马克思主义的蓬勃生机。

首先，这要求党始终坚持马克思主义基本原理。马克思主义基本原理揭示了人类社会发展一般规律和资本主义运行的特殊规律，是具有规律性、科学性、稳定性的认识，不会因一时一地的情况变化而发生根本性改变。正如马克思和恩格斯在《共产党宣言》1872年德文版序言中提到的，"不管最近25年来的情况发生了多大的变化，这个《宣言》中所阐述的一般原理整个说来直到现在还是完全正确的"。当然，"这些原理的实际运用，正如《宣言》中所说的，随时随地都要以当时的历史条件为转移"[1]。

其次，坚持和发展马克思主义，必须同中国具体实际相结合。在坚持马克思主义"一般原理"的基础上，对"原理的实际运用"，就不能把马克思主义当成一成不变的教条，而是要运用

---

[1]　《马克思恩格斯文集》第二卷，北京：人民出版社2009年版，第5页。

其科学的世界观和方法论，来解决中国的实际问题。

再次，坚持和发展马克思主义，必须同中华优秀传统文化相结合。中华优秀传统文化源远流长、博大精深，是中华文明的智慧结晶，也是马克思主义在中国生根、开花、结果的肥沃土壤。毛泽东同志就曾指出，"要使马克思列宁主义这一革命科学更进一步地和中国革命实践、中国历史、中国文化深相结合起来"[①]。习近平总书记也强调，"马克思主义传入中国后，科学社会主义的主张受到中国人民热烈欢迎，并最终扎根中国大地、开花结果，决不是偶然的，而是同我国传承了几千年的优秀历史文化和广大人民日用而不觉的价值观念融通的"[②]。只有把马克思主义思想精髓同中华优秀传统文化精华贯通起来、同人民群众日用而不觉的共同价值观念融通起来，才能不断夯实马克思主义中国化时代化的历史基础和群众基础。

3.深化了对社会主义发展阶段的认识

1987年10月，党的十三大明确提出"社会主义初级阶段"的论断，这是对马克思列宁主义对社会主义发展阶段论的重大创新。中国特色社会主义进入新时代，以习近平同志为核心的党中

---

① 《毛泽东文集》第三卷，北京：人民出版社1996年版，第23页注释。
② 习近平：《习近平谈治国理政》第三卷，北京：外文出版社2020年版，第120页。

央又对"十四五"时期中国所处的历史方位做出了"新发展阶段"的重大论断。2020年8月24日，习近平总书记在主持召开经济社会领域专家座谈会时，就提出"我国将进入新发展阶段"[①]。他指出，"进入新发展阶段，是中华民族伟大复兴历史进程的大跨越"[②]。2021年1月11日，习近平总书记在省部级主要领导干部学习贯彻党的十九届五中全会精神专题研讨班开班式上进一步指出，新发展阶段"就是社会主义初级阶段中的一个阶段，同时是其中经过几十年积累、站到了新的起点上的一个阶段"[③]。他指出，新发展阶段是中国共产党带领人民迎来从站起来、富起来到强起来历史性跨越的新阶段。经过新中国成立以来特别是改革开放40多年的不懈奋斗，中国已经拥有开启新征程、实现新的更高目标的雄厚物质基础。他提出，进入新发展阶段"是由我国经济社会发展的理论逻辑、历史逻辑、现实逻辑决定的"，这就明确了"我国发展的历史方位"[④]。他强调，"经过13个五年规划（计划），我们已经为实现这个目标奠定了坚实基础，未来30

[①]　习近平：《习近平著作选读》第二卷，北京：人民出版社2023年版，第327页。

[②]　习近平：《习近平谈治国理政》第四卷，北京：外文出版社2022年版，第151页。

[③]　习近平：《习近平谈治国理政》第四卷，北京：外文出版社2022年版，第162页。

[④]　习近平：《习近平谈治国理政》第四卷，北京：外文出版社2022年版，第178页。

年将是我们完成这个历史宏愿的新发展阶段"①。这就初步阐明了中国社会主义建设新发展阶段的基本内涵和时间界定，以及未来发展的路线图和时间表，有助于立足新发展阶段、贯彻新发展理念、构建新发展格局、推动高质量发展，也推动了马克思主义关于社会主义发展阶段理论和实践的发展。

4.发展了社会主义现代化道路的理论

党的二十大报告和2023年2月习近平总书记在学习贯彻党的二十大精神研讨班开班式上发表的重要讲话中的相关论述，已经初步构建起了中国式现代化理论体系的逻辑层次和框架结构。

一是在理论归纳层面，明确了中国式现代化的根本性质、根本遵循、科学内涵、鲜明特色、本质要求、重大原则等基本内容。具体而言，中国式现代化的根本性质，是"中国共产党领导的社会主义现代化"②。

中国式现代化的根本遵循，是习近平新时代中国特色社会主义思想。③

---

① 习近平：《习近平谈治国理政》第四卷，北京：外文出版社2022年版，第164页。

② 习近平：《习近平著作选读》第一卷，北京：人民出版社2023年版，第18页。

③ 《习近平在学习贯彻党的二十大精神研讨班开班式上发表重要讲话强调　正确理解和大力推进中国式现代化》，《人民日报》2023年2月8日，第1版。

中国式现代化的科学内涵和鲜明特色，是人口规模巨大、全体人民共同富裕、物质文明和精神文明相协调、人与自然和谐共生、走和平发展道路。

中国式现代化的本质要求，是"坚持中国共产党领导，坚持中国特色社会主义，实现高质量发展，发展全过程人民民主，丰富人民精神世界，实现全体人民共同富裕，促进人与自然和谐共生，推动构建人类命运共同体，创造人类文明新形态"①。

中国式现代化的重大原则，是坚持和加强党的全面领导，坚持中国特色社会主义道路，坚持以人民为中心的发展思想，坚持深化改革开放，坚持发扬斗争精神。

二是在实践路径层面，明确了中国式现代化的制度保证、物质基础、精神力量和强劲动力。具体而言，中国式现代化的制度保证、物质基础、精神力量，是新时代十年推进的一系列变革性实践、实现的一系列突破性进展、取得的一系列标志性成果。

中国式现代化的强劲动力，是党的领导。

三是在战略操作层面，明确了中国式现代化的战略支撑。具体而言，中国式现代化的战略支撑，是"科教兴国战略、人才强

---

① 习近平:《习近平著作选读》第一卷，北京：人民出版社2023年版，第20页。

国战略、乡村振兴战略等一系列重大战略"①。

这样，就初步构建起了层次分明、范畴明确、内容较为完整的中国式现代化理论体系。中国式现代化理论发展了科学社会主义关于社会主义现代化道路的理论，为那些希望在保持自身独立性的基础上实现自身发展的国家和民族提供了中国方案。

总之，世界百年未有之大变局加速演进，新一轮科技革命和产业变革也不断深入发展，中国的发展在国际力量对比深刻调整的情境下，面临新的战略机遇。当此之际，习近平新时代中国特色社会主义思想的创立，科学回答了一系列重大时代课题，提出一系列原创性的治国理政新理念新思想新战略。习近平新时代中国特色社会主义思想是当代中国马克思主义、二十一世纪马克思主义，是中华文化和中国精神的时代精华，实现了马克思主义中国化新的飞跃。

本章小结

一百多年来，科学社会主义在中国引起的伟大社会变革，"不是简单延续我国历史文化的母版，不是简单套用马克思主义

---

① 《习近平在学习贯彻党的二十大精神研讨班开班式上发表重要讲话强调　正确理解和大力推进中国式现代化》，《人民日报》2023年2月8日，第1版。

经典作家设想的模板，不是其他国家社会主义实践的再版，也不是国外现代化发展的翻版"[1]。这"四个不是"表明，中国共产党没有把马克思主义看作一成不变的教条，没有把社会主义建成固定的模式，而是把马克思主义基本原理、科学社会主义基本原则同中国的基本国情，即革命、建设、改革和发展的实际，乃至历史文化传统和时代课题结合起来，坚持实事求是的思想路线，坚持人民至上，坚持党的基本路线、基本理论、基本方略。只有这样，才能把马克思主义的旗帜始终插在中国大地上，把科学社会主义的蓝图现实地擘画在中国大地上。

以毛泽东同志为主要代表的中国共产党人，在新民主主义革命时期、社会主义革命和建设时期，坚持把马克思列宁主义基本原理同中国具体实际相结合，经过艰辛探索，创立了毛泽东思想。它丰富和发展了科学社会主义关于对无产阶级革命道路、无产阶级革命同盟军、无产阶级革命阶段、社会主义革命和建设道路的理论和实践，为新的历史时期开创中国特色社会主义提供了宝贵经验、理论准备和物质基础。

以邓小平同志、江泽民同志、胡锦涛同志为主要代表的中国共产党人，在改革开放和社会主义现代化建设新时期，从新时

---

[1]　习近平：《在纪念马克思诞辰200周年大会上的讲话》，北京：人民出版社2018年版，第26—27页。

期新实践出发，科学回答了建设中国特色社会主义的一系列重大问题，提出了邓小平理论、"三个代表"重要思想、科学发展观，形成了中国特色社会主义理论体系，实现了从生产力相对落后到经济总量跃居世界第二的历史性突破，实现了从温饱不足到总体小康，再奔向全面小康的历史性跨越，为实现中华民族伟大复兴提供了体制保证和物质条件。

以习近平同志为主要代表的中国共产党人，在新的历史条件下，坚持把马克思主义基本原理同中国具体实际相结合、同中华优秀传统文化相结合，科学回答了一系列重大时代课题，对社会主义发展阶段、社会主义建设道路等重大问题，提出了一系列原创性的新理念新思想新战略。总结了新时代中国特色社会主义思想的"十个明确""十四个坚持""十三个方面成就"及至"十六个方面成就"，以及"六个坚持"的世界观和方法论，从而不断赋予了科学社会主义理论鲜明的中国特色，不断谱写了马克思主义中国化时代化新篇章。

第五章

科学社会主义在当代

——世界社会主义运动的变革奋起

当今时代，"世界百年未有之大变局加速演进，新一轮科技革命和产业变革深入发展，国际力量对比深刻调整"①，时代之变、历史之变、世界之变的进程更加快速，各国发展都面临新的机遇和挑战。在世界多极化、经济全球化、社会信息化、文化多样化深入发展，各国相互联系和依存日益加深，全球治理体系和国际秩序变革加速推进的时代，各个社会主义国家也在推进革新进程，加紧探索适合本国具体实际的社会主义建设道路，推进着社会主义国家的马克思主义本土化。各个资本主义国家的共产党也在接续斗争，探索适合本国具体实际的社会主义革命和过渡道路。国际共产主义运动和世界社会主义运动也在经历了苏联解体、东欧剧变的低潮期后，在资本主义世界面临动荡和危机的时代，迎来了自己的涅槃重生。

----

① 习近平：《习近平著作选读》第一卷，北京：人民出版社2023年版，第21页。

一、革新探索：社会主义国家的马克思主义本土化

苏联解体、东欧剧变后，国际共产主义运动和世界社会主义运动遭遇严重挫折、陷入低谷。但是包括中国、朝鲜、越南、老挝、古巴在内的社会主义国家，以及资本主义国家的共产党和工人党并没有停止前进的步伐。他们通过理论创新和实践探索，继续推进着各自的马克思主义本土化进程。

（一）朝鲜式社会主义道路

朝鲜在20世纪60年代末70年代初就将金日成的主体思想定为最正确的马克思列宁主义的指导思想。朝鲜劳动党提出，"树立党的唯一思想体系关系到领袖在革命斗争中所起的作用，因而这是合乎规律性的要求"①。1970年11月，朝鲜劳动党第五次代表大会明确提出，朝鲜劳动党"只有以敬爱的领袖金日成同志的伟大革命思想、主体思想为坚定不移的指导思想，在党内彻底树立唯一思想体系，才能钢铁般地加强党的统一和团结，正确地保证对革命和建设的统一领导"②。金日成主体思想提出，"社会

---

① 朝鲜劳动党中央委员会党史研究所编：《朝鲜劳动党简史》，北京：人民出版社1986年版，第573页。
② 朝鲜劳动党中央委员会党史研究所编：《朝鲜劳动党简史》，北京：人民出版社1986年版，第630页。

主义社会是建立在集体主义基础上的社会，是人民群众实现了政治思想的统一并高度组织起来的社会"①。主体思想并提出了关于从资本主义向社会主义、共产主义的过渡理论、无产阶级专政理论、社会主义经济建设理论，强调以人为中心的世界观，要求把思想、技术、文化三大革命推到更高水平。主体思想提出通过实施七年计划推进社会主义工业化和国民经济的全面技术改造，再通过实施六年计划进一步加强朝鲜工业的主体性和农业生产的高度集约化，推动技术发展和生产力的发展，从而牢固地建立社会主义的物质技术基础，实现把劳动人民从繁重的劳动中解放出来的历史性任务等。朝鲜劳动党提出，主体思想这一"独创性理论在捍卫和崭新地发展科学共产主义理论"，它"为实现无阶级社会，争取社会主义、共产主义的完全的、最后的胜利指出了坚定不移的指导方针"②。此后，主体思想逐渐成为朝鲜劳动党的唯一思想体系。1992年东欧剧变、苏联解体后朝鲜修改宪法，更明确规定朝鲜以"主体思想"作为自己活动的指导方针。此后，朝鲜作为坚持走社会主义道路的国家之一，在遭受到以美国为首的西方国家不断封锁和威胁、朝核危机不断爆发的情况下，金正日

---

① 朝鲜劳动党中央委员会党史研究所编：《朝鲜劳动党简史》，北京：人民出版社1986年版，第640页。

② 朝鲜劳动党中央委员会党史研究所编：《朝鲜劳动党简史》，北京：人民出版社1986年版，第594页。

又全面推行了一切以军事为先的"先军思想"，将其作为朝鲜的基本理论和指导方针。先军思想继承了金日成的重视军事的枪杆子哲学，提出革命要靠枪杆子开创和发展的理论，以及先军时代革命的主力军、先军时代的经济建设基本路线等理论，这为主体思想赋予了新的内容。

2011年底金正恩执政后，又将朝鲜劳动党的指导思想更改为金日成—金正日主义，提出党的最高纲领是全社会的金日成—金正日主义化。2012年4月，朝鲜劳动党第四次代表会议修订党章，确认朝鲜劳动党的唯一指导思想是金日成—金正日主义。2016年5月，朝鲜劳动党第七次全国代表大会再次确认朝鲜劳动党的最高纲领是全社会的金日成—金正日主义化。经过金日成、金正日、金正恩等几代领导人的创新和发展，朝鲜主体思想逐渐形成了包括以人为中心的世界观，反帝反封建的革命理论、社会主义革命理论、社会主义建设理论、先军思想和党的领导等等，关于朝鲜革命和建设的思想、理论、方法的全面完整的体系。

这一时期，朝鲜提出的基本任务是要把自强力第一主义同社会主义建设的总路线联系起来，大力推进思想、技术、文化的三大革命，完成社会主义强国建设事业。2021年1月，朝鲜劳动党第八次代表大会召开。金正恩提出坚持"以民为天""一心团结""自力更生"的理念，以社会主义经济建设作为朝鲜当前最重要的革命任务。他并提出了今后一个时期社会主义建设的主要路线和战略战术方针，制定新的国家经济发展五年计划，进一步振兴国家经济。以及进一步增强核战争遏制力并加快朝鲜人民军精锐化、强军化步伐，推动朝鲜统一事业，继续以"针锋相对"的原则面对美国，不断扩大反帝国主义阵营，等等。在朝鲜劳动党的领导下，朝鲜坚持主体思想和先军思想，坚持以人为中心的世界观，坚持推进社会主义经济建设，坚持劳动阶级政党的领导，朝鲜人民至今依然实行免费医疗、免费教育、免费住房、全面免税的政策，从而保障了人民的基本生活需求，走上了朝鲜式社会主义道路。

（二）越南的革新开放

越南在1986年越共六大提出"革新开放"政策前，以胡志明为代表的越南共产党在争取民族独立和人民解放的进程中，形成了关于越南民族解放斗争和社会主义革命的一系列思想观点。在社会主义建设初期，又形成了探索越南社会主义建设道路的一系列思想观点。在1991年越共七大后，这一系列思想观点被定义为胡志明思想。

在"革新开放"政策提出后，越南共产党坚持把马克思列宁主义基本原理应用于越南的革新实践中，不断丰富和发展了对社会主义和越南社会主义发展阶段和特征的认识，逐渐形成了关于建设经济、政治、文化和党的建设等方面的一系列思想观点，推进了越南社会主义建设道路的探索。

1986年12月，越南共产党第六次全国代表大会召开，提出"革新开放"政策，强调"以华为师"，着意借鉴中国的改革开放经验，推动本国经济上和思想上的改革与开放。越南共产党将马克思列宁主义关于过渡时期的理论与越南的具体实际相结合，借鉴中国提出"社会主义初级阶段"的做法，提出了越南处于向社会主义过渡时期的发展阶段论。越共提出，"从资本主义到社会主义必须经过一段过渡时期，这是客观必然的，而这个过渡时期的长短，取决于各国的政治、经济和社会条件"。由于越南是从小生产起步，跨越资本主义发展阶段直接走上社会主义的。因此，越南的过渡时期必定是长期而且充满困难的。这个过渡时期是"要在生产力、生产关系和上层建筑等各个方面，从头开始建设一个新的社会制度的深刻、全面而彻底的革命性变革时期"，"是在社会生活的一切领域中解决社会主义与资本主义谁战胜谁的时期，是阶级斗争尖锐复杂的时期"[①]。1991年6月，越共七大通过《社会主义过渡时期国家建设纲领》，再次强调当前越南

---

① 越南共产党：《越南共产党革新时期党的代表大会文件》，越南国家政治出版社2005年版，第40—41页。

正处于由过渡时期的初期阶段，向工业化、现代化阶段转变的过程中。1996年6月，越共八大又提出越南社会主义过渡时期的初级阶段已经结束，并提出2020年基本建成工业化国家的目标。2011年1月，越共十一大通过增补后的《社会主义过渡时期国家建设纲领》，再次明确越南正向社会主义过渡。在过渡时期，越南的经济政策是要发展多种所有制形式、多种经济成分和多种分配方式的社会主义定向的市场经济。政治政策是要完善社会主义民主，保证民主体现在现实生活中。文化政策是要建设先进的、富有民族特色、全面发展的，富有人文、民主、进步精神的越南文化。2021年1月，越共十三大又提出了越南到本世纪中叶成为社会主义定向的发达国家的目标、方向和步骤，为人民描绘了国家发展、人民幸福的"两个一百年"的"越南梦"。到21世纪中叶，越南的发展目标将分为三个阶段：到2025年即越南南北统一50周年时，成为拥有现代化工业的、跨越了中等偏低收入的发展中国家；到2030年即越共建党100周年时，成为拥有现代化工业的中等偏高收入的发展中国家；到2045年即建国100周年时（1945年越南民主共和国成立。1975年越南南北统一后次年更名为越南社会主义共和国），成为高收入的发达国家。

2021年5月，越共总书记阮富仲在十三大闭幕不久即发表《关于社会主义与越南社会主义发展道路的若干理论与实践问题》的文章，从社会主义基本原理和社会主义建设现实的角度，全面阐释"什么是社会主义和如何走社会主义道路"问题。文章提出，社会主义就是"当今时代以马克思列宁主义学说为基础的科学社会主义"。在世界社会主义遭遇重大挫折之际，越南共产党始终坚持"在马克思列宁主义和胡志明思想基础上建设社会主义国家"，始终坚持走社会主义道路。文章提出，发展"社会主义定向市场经济的观念"，是越共一项"非常基础性和创造性的理论突破"①，是源于越南实践、吸收世界经验并通过多年革新开放实践取得的重要理论成果。这是向完全社会主义市场经济过渡时期的经济，是新型市场经济发展模式，将为建设社会主义社会、文化和法权国家，坚持越共领导地位提供制度保障。

自越南走上独立自主地探索符合越南特色的社会主义建设道路之后，国家发展取得长足进步。1986年越南提出"革新开放"政策前，曾是世界上最不发达的国家之一，人均GDP不足100美元。到2020年人均GDP已达到2750美元，经济总量达到了2684亿美元。尤其是2015—2020年，越南经济"年均增长5.9%，经济增长质量不断提高，劳动生产率从上一个五年的4.3%上

---

① ［越］阮富仲：《关于社会主义与越南社会主义发展道路的若干理论与实践问题》，2021年5月16日。https://cnxh.nhandan.vn/van-kien-mang-tinh-cuong-linh-ve-xay-dung-chu-nghia-xa-hoi-o-viet-nam-370.html。

升到2020年的5.8%；人民生活明显改善，贫困家庭比例已降至1.45%"[1]，联合国开发计划署（UNDP）由此认定越南是减贫成就最为突出的国家之一。越南用自身的实践证明，越南走出了一条符合越南特色的社会主义建设道路。

（三）老挝的革新开放

老挝人民革命党在1975年抗美斗争胜利之际，即宣布老挝已经完成了民族民主革命，将开始不经过资本主义发展阶段而直接进入社会主义。随即开展了以消灭资本主义生产方式，强制推行建立农业合作社的社会主义改造。由于对老挝基本国情的认识不足，以及老党决策层的主观、冒进，使老挝在成立初期的社会经济发展遭遇了一些挫折。1986年11月，老挝人民革命党四大召开。老党总书记凯山·丰威汉对之前老党主观、冒进的思想和路线进行了检讨，借鉴中国、越南等社会主义国家的经验，提出了"革新开放"的路线方针。

1989年10月，苏东剧变之际，老党也受到资本主义"和平演变"战略图谋的影响，部分党员干部在思想上出现了对社会主义制度的怀疑。在此情况下，老党及时召开四届八中全会提出

---

① 潘金娥：《越共十三大：总结革新史　描绘越南梦》，《科学社会主义》2021年第1期，第65—72页。

"六项基本原则"，即坚持社会主义目标，坚持马列主义是党的思想基础，坚持党的领导是一切胜利的决定因素，坚持在集中原则基础上发扬民主，增强人民民主专政的力量和效力，坚持真正的爱国主义与纯洁的国际主义相结合。在国际环境动荡之际，坚持了社会主义方向和马列主义思想，坚持了党的领导，顶住了资产阶级的"和平演变"和自由化思潮，以及西方多党制、多元化的鼓噪。同时，老党也没有放弃革新开放和市场经济的路线方针政策，保证了老挝社会经济的稳定，老挝的社会主义建设和发展得以朝着正确的道路前进。

1991年3月，老党五大召开。首次对老挝所处的社会发展阶段做了比较明晰的阐述，认为老挝正处于继续建设和发展人民民主制度，为逐步向社会主义过渡创造条件的阶段。2006年3月，老党八大召开，对老挝所处的社会发展阶段做出了明确的定位，"老挝仍处于向社会主义过渡时期的初级阶段"[1]，"仍处在建设和完善人民民主制度的初级阶段"[2]。对社会主义发展阶段的科学认识和正确定位，使老挝能够正确制定以经济建设为中心的发展路线，以及"革新开放"的发展方针。老党并借鉴列宁新经济政

---

[1] 《老挝人民革命党第八次代表大会会议文件汇编》，老挝国家出版社2006年版，第13页。

[2] 《老挝人民革命党第八次代表大会会议文件汇编》，老挝国家出版社2006年版，第36页。

策利用国家资本主义、发展贸易和市场、正确认识商品货币关系的思想，借鉴中国、越南的改革实践，打破社会主义和市场经济的对立的观念，在经济体制改革中注重发挥市场的作用，打破了社会主义单一公有制的经济结构，以公有制为主体推进多种所有制的并存。注重调动企业生产经营的积极性，注重满足人民日益增长的物质文化需求，从而较快提高了社会生产力和人民生活水平。2021年11月25日，联合国大会通过了关于最不发达国家（LDC）的决议，老挝、孟加拉国和尼泊尔这3个国家正式从最不发达的国家中除名。老挝则计划2026年正式成为发展中国家。老挝革新开放的实践证明，把马克思列宁主义基本原理同老挝具体实际相结合，走老挝特色的社会主义建设道路，是符合老挝基本国情和具体实际的。

（四）古巴的革新开放

古巴地处拉美地区，被美国视为自己的后院。然而，古巴社会主义革命的胜利仿佛一根钎子插入美国的后院，令美国如芒在背，连续几十年对古巴实行严厉的封锁禁运，使古巴长期隔绝于资本主义世界经济体系。因此，古巴长期以来同以苏联为核心的社会主义阵营结成了特殊关系，其85%的经贸关系依托苏联及其他社会主义国家。这种特殊关系使古巴免受美国等资本主义发达国家的不公平贸易待遇，但在苏联解体、东欧剧变之际，也使古巴经济、社会也瞬时陷入了极度困境。美国政府及反古集团，梦想着古巴共产党的迅即垮台。

然而，美国及反古集团的梦想并未实现。古共在巨大的压力之下，仍然坚持了马克思列宁主义的指导思想和社会主义道路。1991年10月，古共四大召开。会议通过的《古巴共和国宪法》规定，古巴公民的指导思想是"何塞·马蒂思想与马克思、恩格斯及列宁的政治社会思想"。会议并提出了加强国有企业建设，巩固社会主义经济基础，提升经济效率和竞争力，重组财政和债务，促进外国投资等举措。1997年10月，古共五大召开。会议再次强调，古巴共产党是以马克思列宁主义、何塞·马蒂学说和菲德尔·卡斯特罗思想为指导的党。作为古巴社会主义革命和建设道路的理论根基，这一思想体系的核心要义是公平正义、团结合作、国际主义、多边主义和世界人民的自决权。同时，古共强调，坚持社会主义和共产党的一党领导，是维护国家主权独立、抵抗美国封锁、获得生存发展的基本保障。此外，古巴长期坚持惠及全民的医疗卫生、教育及社会保障制度。这种种举措，使古巴得以在苏联解体、东欧剧变后的困难局面下稳定了经济和国内局势。

经过90年代的煎熬和调整，古巴社会主义终于在21世纪初迎来了转机。2006年劳尔·卡斯特罗主政古巴，开始酝酿新一轮思想和结构变革。2011年4月，古共六大召开。会议重点是讨论制定古巴经济与社会模式更新的大政方针，对经济管理模式、宏观经济政策、对外经济政策、投资政策、科学技术创新和环境政策、社会政策等进行规划，提出了"更新"经济与社会发展模式，以发展国民经济、改善人民生活水平的目标。古巴正式进入了社会主义经济模式更新的新阶段。2016年4月，古共七大召开。会议首次提出了古巴"经济社会发展模式理论化"的更新理念，"2030年经济社会发展国民计划"的基本方略和建设"繁荣与可持续的社会主义"的更新目标。会议总结了古巴社会主义理想的本质特征和时代变革，系统阐释了以人类尊严、平等和自由为基础的古巴社会主义原则。会议提出坚持"主要生产资料全民所有制"的前提下，首次引入"中小微私营企业"的概念，允许私有经济存在和发展，允许计划与市场共存互补。七大《关于古巴社会主义经济社会发展模式理论化的决议》认为，只有通过推进古巴经济结构改革，解决经济结构失衡问题，才能提高劳动生产率，促进有利于公平分配的财富增长，提升人民生活水平，协调集体和个人追求，进而坚持社会主义价值观，才能实现古巴社会主义的巩固和可持续发展。2019年2月，古巴全民公投通过新宪法，在政治领域对党政分开、议政分离等问题作出规定。在经济领域赋予私营、外资等非公有制经济更多参与经济生产的权利，为古巴经济社会模式更新冲破社会主义与市场经济不相容的理论束缚和体制束缚。

2021年4月，古共八大召开。会议通过《六大以来党和革命经济社会政策纲要落实情况和2021—2026年纲要更新》，对七大制定的"经济社会发展模式理论化"的相关文件进行了更新，强调推动经济发展、争取和平、坚定意识形态是古共未来的三大任务。大会选举古巴国家主席迪亚斯·卡内尔为古共中央第一书记，提出以标准化模式打造创新型政府的施政理念。八大后，以劳尔·卡斯特罗为代表的老一辈古共领导人退出中央领导层，实现了古共领导层的代际更替，解决了党和国家领导层"老龄化"问题，"革命之子"一代正式走上了古巴政治舞台。

在古巴探索具有古巴特色的社会主义革命和建设道路的进程中，始终坚持了马克思列宁主义作为古巴的官方意识形态。当然，马克思列宁主义、何塞·马蒂学说和菲德尔·卡斯特罗思想也具有鲜明的民族性，这主要体现在古巴允许私营经济的存在，但也反对进行大规模私有化、放开私人进口商品等倾向；坚决打击官僚主义、形式主义、资源浪费、腐败问题，但也反对取消党的领导等倾向。在对外关系上，古共强调民族性和独立自主，反对帝国主义、殖民主义、新自由主义、单边霸权、外来干涉和美洲自由贸易区，倡导世界多极化、建立国际新秩序、实现美洲团结。尤其重要的是，古巴在探索社会主义建设的道路上，始终坚持经济、政治、社会多领域"整体推进"，始终坚持人民群众共享经济、社会的更新成果。即使在遭受长期制裁、苏东剧变后面临困难局面，和"经济社会模式更新"的过程中，仍始终坚持了惠及全民的医疗卫生、教育及社会保障制度，因而能够得到人民群众坚定拥护，度过建国以来的长期封锁和历次危机，取得具有古巴特色的社会主义革命和建设道路的成功。

总之，朝鲜、越南、老挝、古巴等社会主义国家在苏联解体、东欧剧变后的困难局面和国际共运低潮期，没有放弃社会主义道路和无产阶级政党的领导，纷纷走上把马克思列宁主义基本原理同本国基本国情和具体实际相结合，推进马克思主义本土化，独立自主地探索具有各自特色的社会主义革命、建设和改革道路，迎来了本国建设和社会主义的新生。

二、低谷潮音：各国共产党工人党的接续斗争

在苏联解体东欧剧变、国际共产主义运动和世界社会主义运动遭遇挫折、处于低潮时，社会主义国家纷纷通过改革、革新或更新探索社会主义革命和建设新路。资本主义世界的各国共产党也没有放弃斗争，而是积极探索适合各国国情的社会主义过渡形

式和斗争方式。

马克思主义诞生后，国际共产主义运动是以各国共产党为主体力量。目前仍以马克思主义为指导的无产阶级政党主要有三大部分。

一是社会主义国家共产党。这主要包括5个长期执政的中国共产党、朝鲜劳动党、越南共产党、老挝人民革命党和古巴共产党。其主要任务是推进马克思主义本土化，独立自主地探索具有各自特色的社会主义革命、建设和改革道路，以便引领世界社会主义的发展方向、促进国际共产主义运动和世界社会主义运动的国际联合。

二是欧美、日本等发达国家的共产党，以及苏东剧变后遗留下来或重建的共产党。其主要任务是反对帝国主义、霸权主义，维护包括无产阶级在内的广大劳动人民的权益，以便重新赢得人民群众的信任，在各国议会选举和政治舞台上争取更大的影响力和决策力。

三是亚非拉广大发展中国家的共产党。它们虽然都信仰马克思主义和共产主义，但囿于力量大小不一以及各自国家国情和发展阶段的差异，导致在理论观点、政策主张、斗争方式等方面都表现出复杂情况。

一方面，在南亚、南美、南非等国家和地区，无产阶级政党领导的国际共产主义运动和世界社会主义运动取得一定成就，有的国家还出现了共产党通过革命斗争或议会道路上台执政的现象。例如，2017年10月，尼泊尔共产党（联合马列）和尼泊尔共产党（毛主义中心）组成的左翼竞选联盟在大选中以压倒性优势获得胜利并组成联合政府，随后在2018年5月合并组建新的尼泊尔共产党，成为尼泊尔有史以来最强大的政党。1957年，印度共产党在印度喀拉拉邦赢得选举并长期执政，通过多年经济改革和建设的"喀拉拉邦模式"使喀拉拉邦的经济成就和人民生活水平在印度都名列前茅。1994年南非结束种族隔离制度以来，南非共产党就在反种族隔离的解放斗争中发挥了重要作用，并一直与非国大、南非工会大会以三方组成"南非执政联盟"的方式共同执政。

另一方面，也有一些共产党的思想理论受政治民主化、思想多元化浪潮的影响而变得过于多元化，导致在许多重大问题上无法形成本党明确的、有凝聚力的纲领目标，而且因为许多政策主张与社会党趋同，又导致政治特色区分度不高、选举时无法赢得选民关注和青睐。例如，"以法国共产党为代表的一些共产党在理论变革方面过快过急，导致党内分歧和矛盾激化"，"意大利重建共产党、意大利共产党人党思想混乱，进退失据"，以至于在近几届国内大选中无人当选议员，在失去国家财政资助的情况下处境更加困难。还有"极少数党固守阶级对立和武装斗争立场，在本国政治格局中日益被边缘化"①。

为了在反对资本主义、探索社会主义的斗争中扩大影响、壮大力量，以马克思列宁主义为指导的各国共产党和工人党以及左翼力量，认识到争取群众、扩大联合的重要性，开始积极探索无产阶级国际联合的新形式。

为加强世界无产阶级和社会主义力量的国际联合，各国共产党探索出世界共产党和工人党会议等形式。1998年5月，为纪念《共产党宣言》发表150周年，在希腊共产党倡议下，冷战后首届世界共产党和工人党代表会议在希腊首都雅典举行，来自世界各地的50多个共产党和工人党参加了会议。至2022年，世界共产党和工人党会议已经召开了22届，产生了越来越大的影响。世界共产党和工人党会议是在吸取苏联解体、东欧剧变的经验教训后，各国共产党和工人党推出的一系列国际联合活动和倡议的结果。会议举办以来，始终同社会与群众运动一道，反对垄断资本主义和新帝国主义政策，反对法西斯主义和战争的威胁，强调保护和平、环境和劳动人民权益，呼吁无产阶级和广大劳动群众的国际团结，共同迈向社会主义。

------

① 柴尚金：《当前世界社会主义研究中值得关注的几个问题》，《马克思主义研究》2022年第4期，第132—142页。

同时，2012年5月，来自不同国家的50多个共产党和工人党的代表还齐聚在比利时首都布鲁塞尔，出席第21届"国际共产党人研讨会"，越南、老挝和古巴也派代表与会。代表们以"共产党人的当前任务与为社会主义而斗争之间关系"为主题，介绍了各自政党对于资本主义危机及其后果的看法，抗议了本国政府实施的反工人和反人民的紧缩措施，提出本党未来开展的工作的规划。国际共产党人共同指出，只有以社会主义替代资本主义才能彻底解决资本主义危机。

此外，世界各地的左翼组织也举办了一系列国际性或地区性的论坛，成为左翼人士学术交流、政治互动的平台。例如，纽约左翼论坛、南美洲圣保罗论坛、阿拉伯左翼论坛等。这些论坛大多具有开放性、批判性和现实针对性等特征，对全球或地区的左翼力量加强联合具有较高的影响力。

中国共产党也积极参与世界无产阶级和社会主义力量的国际联合行动。2014年9月，由中共中央对外联络部直属智库当代世界研究中心主办，主题为"中国改革：执政党的角色"的中国共产党与世界对话会召开，这是中国共产党构建政党主场交往机制的初次尝试。从2017年开始，中国共产党派出代表参加世界共产党和工人党会议。2021年7月，中国共产党与世界政党领导人峰会召开，中共中央总书记、国家主席习近平在北京出席会议并发表主旨讲话，这是中国共产党在成立100周年之际举办的重要多边外交和政党交流活动。2021年12月，中联部举行主题为"民主、正义、发展、进步"的中国共产党—欧美马克思主义政党交流会，来自欧美的20多个马克思主义政党和左翼政治组织领导人及代表共约100人参会。2022年7月，中国共产党与世界马克思主义政党论坛召开，中共中央总书记、国家主席习近平向论坛致贺信。近十几年来，还有中非政党理论研讨会，中国—阿拉伯国家政党对话会，中国共产党同东南亚、南亚国家政党对话会，中国—中东欧政党对话会，中拉政党论坛，等等。这些政党交流交往机制使中国共产党与各国共产党和工人党以及左翼力量不断加强对话交流，在涉及彼此核心利益和重大关切问题上相互沟通、相互支持，积极推动了世界社会主义事业的发展。

时至今日，国际共产主义运动和世界社会主义运动已经出现了重大变革与转型，社会主义革命和建设道路，过渡形式和斗争方式都呈现出多样性，各国共产党和工人党以及左翼力量甚至发展出了不同类型。因此，20世纪70—80年代以来，逐步发展起来的世界共产党和工人党以及左翼力量双边、多边会晤，以及地区性和全球性会议或论坛，就成为国际共产主义运动和世界社会主义运动的主要联合形式。无产阶级国际联合的多形式、多中心格局的形成，标志着各国共产党独立自主探索本国社会主义道路的历史潮流，也是无产阶级国际联合形式演变的历史进步。

三、涅槃重生：世界社会主义运动的历史走向

苏联解体、东欧剧变已经过去30多年了，然而，30多年来中东欧社会主义国家改弦更张后的实践证明，中东欧国家通过"私有化""民主化""多元化"改革向市场经济和多党制的所谓"民主制度"转型，以期获得国家和民族重生的愿望已经破灭。30多年来，中东欧各国的经济发展未达预期、民主转型不尽人意、人口结构问题突显。大规模的私有化使国家财富落入特权阶层和寡头手中，加剧了贫富分化和社会不平等。随着苏联模式和社会主义制度这个"竞争对手"的消失，资本主义世界曾经欢呼"历史的终结"，认为资本主义作为人类文明的最终形态将一统江山。但出乎意料的是，苏东剧变30多年来资本主义没落、腐朽的一面反而更加暴露无遗。在人类的世界历史和全球化发展趋势下，恰恰是霸权主义、单边主义、恐怖主义、强权政治、全球贫富分化和气候变化，无不与资本主义生产方式相关联。人们开始怀念社会主义制度的优越性，也开始重新思考马克思主义对当今人类文明、世界历史和全球化发展趋势的意义了。

世界历史和全球化这一人类社会发展的历史趋势早已被马

克思主义所预见。早在19世纪，马克思和恩格斯就在《德意志意识形态》《共产党宣言》《资本论》等著作中详细论述了世界贸易、世界市场、世界历史等问题。他们指出，各民族的原始封闭状态由于"日益完善的生产方式、交往以及因交往而自然形成的不同民族之间的分工消灭得越是彻底，历史也就越是成为世界历史"①。而资产阶级由于"开拓了世界市场，使一切国家的生产和消费都成为世界性的了"②，随着"一切生产资料因作为结合的、社会的劳动的生产资料使用而日益节省，各国人民日益被卷入世界市场网，从而资本主义制度日益具有国际的性质"③。由此产生的必然结果，就是"政治的集中。各自独立的、几乎只有同盟关系的、各有不同利益、不同法律、不同政府、不同关税的各个地区，现在已经结合为一个拥有统一的政府、统一的法律、统一的民族阶级利益和统一的关税的统一的民族"④。马克思和恩格斯由此预见和深刻揭示了世界历史和全球化的本质、逻辑、过程和趋势。

但是，由于资本主义的内在矛盾，资本主义积累的一般规律的仍然存在，资本主义社会的危机与矛盾就无法消除。为了转嫁

---

① 《马克思恩格斯文集》第一卷，北京：人民出版社2009年版，第541页。
② 《马克思恩格斯文集》第二卷，北京：人民出版社2009年版，第35页。
③ 《马克思恩格斯文集》第五卷，北京：人民出版社2009年版，第874页。
④ 《马克思恩格斯文集》第二卷，北京：人民出版社2009年版，第36页。

周期性爆发的经济危机、缓解国内贫富分化和阶级矛盾，资本主义不惜采用保护主义、单边主义的策略、甚至在局部地区使用武力与和平演变、阴谋颠覆等手段，借以维系全球霸权。同时，又由于恐怖主义、网络安全、重大传染性疾病、气候变化等非传统安全威胁持续蔓延，使世界并不太平。资本主义解决不了自身的危机与矛盾，解决不了人类的挑战与困境，世界人民都在探索寻找着资本主义的全球替代方案。

1.资本主义的新发展并无法消除资本主义社会的危机与矛盾

马克思主义认为，生产力是推动社会进步的最活跃、最革命的要素，但是"只有把生产力和生产关系的矛盾运动同经济基础和上层建筑的矛盾运动结合起来观察，把社会基本矛盾作为一个整体来观察，才能全面把握整个社会的基本面貌和发展方向"①。从生产力的角度看，在每一轮科技革命、产业革命之后，社会生产力都获得了极大的解放和发展，这使得资本主义能够不断获得新的发展。然而，从生产关系的角度看，资本主义生产方式作为人类社会普遍的统治形式，却没有使发展的成果为人类所共享。由于占有生产资料，资产阶级可以通过雇佣劳动剥削无产阶级的剩余价值，从而使资产阶级和无产阶级之间的财富鸿沟越拉

---

① 习近平:《坚持历史唯物主义不断开辟当代中国马克思主义发展新境界》,《求是》2020年第2期。

越大。如今，全球财富分化日益严重，人类发展指数"30年来首次下降，世界新增1亿多贫困人口，近8亿人生活在饥饿之中，粮食安全、教育、就业、医药卫生等民生领域面临更多困难"[1]。由于美欧等一些发达经济体面临40年来最严重的通货膨胀，以及欧洲能源危机、发展中国家粮食危机和美国股市、债市、房市风险导致的高风险等因素，国际组织纷纷下调了对未来世界经济增长的预期。数据显示，美国自2022年第二季度开始，国内生产总值（GDP）按年率计算下降了0.9%，这是继第一季度同比下降1.6%之后再次萎缩，意味着美国经济开始走向"技术性衰退"[2]。这就再次出现了马克思和恩格斯所预判的"工业经过繁荣、生产过剩、停滞、危机诸阶段而形成一种反复循环的周期"[3]性的危机前景。全球资本主义的这种发展变化，显示了资本主义的生产方式不会因为生产力的发展而消除资本主义社会的危机与矛盾。

同时，资本主义生产方式所导致的社会结构的变化，资产阶级和无产阶级的分化也在不断扩大。据瑞士瑞信银行（Credit Suisse）研究院的数据，"全球最富有的1%人口掌握了全球45%

① 习近平：《习近平谈治国理政》第四卷，北京：外文出版社2022年版，第485—486页。
② 尚凯元：《美国经济走向"技术性衰退"》，《人民日报》2022年8月3日，第16版。
③ 《马克思恩格斯文集》第一卷，北京：人民出版社2009年版，第756页。

的财富，全球最富有的10%人口占有全球财富的82%，而全球最不富裕的50%人口占有的财富不足全球总量的1%"。更为严重的是，全球"财富不平等和收入不平等的状况正在叠加，财富加速向极富阶层集中"，这导致阶级鸿沟越来越大，法国学者托马斯·皮凯蒂所描述的"承袭制资本主义"①正在重现。全球社会结构的裂变不断加剧，导致资产阶级和无产阶级之间的分化、矛盾和对立不断加大。当贫富差距扩大到两极分化的状态时，社会结构就如同马克思和恩格斯所预言的那样，所谓的"中间等级"和它们的下层，即"小工业家、小商人和小食利者，手工业者和农民"，因为他们的小资本不足以经营大工业，又经不起较大的资本家的竞争，或者其手艺被新的生产方法弄得不值钱，就导致"所有这些阶级都降落到无产阶级的队伍里来了"②。那些无法实现"阶级跃迁"的"中产阶级"，也会在"中等收入陷阱"中沦为"新穷人"。这时资产阶级和无产阶级的阶级对立将再次简单化和两极化，全球范围内的阶级斗争将再次重现。

2.社会主义革命和建设道路需要探索新的形式

马克思恩格斯在其所处的时代，曾经认为无产阶级要实现

---

①　参见徐秀军：《全球财富鸿沟的演进与弥合》，《人民论坛》2021年3月中期，第84—87页。

②　《马克思恩格斯文集》第二卷，北京：人民出版社2009年版，第39页。

对资本主义的历史更替，必须通过无产阶级革命的方式予以实现。他们强调"革命是历史的火车头"①，"暴力是每一个孕育着新社会的旧社会的助产婆。暴力本身就是一种经济力"②。他们提出，要用暴力推翻全部现存的社会制度的革命主张，以及将武装起义与议会和平斗争相结合的斗争策略。因此，无产阶级的革命道路主要是通过暴力革命夺取政权、建立无产阶级专政，并辅之以争取普选权的斗争方式。然而，随着革命斗争的条件发生了根本的变化，恩格斯在1895年写就的《卡·马克思〈1848年至1850年的法兰西阶级斗争〉一书导言》中也提出，"旧式的起义，在1848年以前到处都起过决定作用的筑垒巷战，现在大大过时了"③。当然，恩格斯并不认为暴力方式在将来就不会再起什么作用了，而是认为新形势下无产阶级要学会利用普选权这一崭新的斗争方式去争取和扩大自己的权利。

实践证明，每当无产阶级力量壮大到威胁资产阶级的统治时，统治阶级就会改变或破坏法律，糟蹋选举。例如，二战后，法国资产阶级就曾两度修改选举法，使法共在议会中的席位两次大量减少。即便共产党在议会中取得多数席位并得以加入资产阶

---

① 《马克思恩格斯文集》第二卷，北京：人民出版社2009年版，第161页。
② 《马克思恩格斯文集》第五卷，北京：人民出版社2009年版，第861页。
③ 《马克思恩格斯文集》第四卷，北京：人民出版社2009年版，第545—546页。

级政府，资产阶级也会采用宣布选举无效、解散议会等办法，排挤共产党人或使之无法发挥决策作用。而在苏东剧变后，许多国家甚至宣布共产党为非法组织。例如，乌克兰就在2022年7月宣布，"乌克兰共产党的活动将被禁止；该党的财产、资金和其他资产，其地区、城市、地区组织、主要中心和其他结构性实体已被移交给国家"①。因此，马克思早就揭示了资产阶级国家机器的主要部分是武力，而不是议会。资产阶级议会制不过是"让人民每隔几年行使一次，来选举议会制下的阶级统治的工具"②。恩格斯也才强调，"宣扬绝对放弃暴力行为，是决捞不到一点好处的"③。

由此，世界社会主义运动也出现了一些新的斗争方式。与知识分子阶层满足于"茶壶里的风暴""书斋里的呐喊"的"书斋式革命"不同，人民群众在议会道路走不通的情况下，就通过街头政治来表达诉求。2011年，美国民众发起"占领华尔街"运动，抗议资产阶级政府无力应对经济危机、无法解决99%∶1%的贫富极化问题。2016年，法国民众发起"黑夜站立"运动，抗议政府修改劳动法，通过增加工作时长、赋予雇主更多用工自主

---

① 《乌克兰共产党遭乌法院取缔：该党一切资产都将收归国有，两名领导人已经被捕》，腾讯新闻，2022年7月6日，https://new.qq.com/rain/a/20220706A01O4B00。
② 《马克思恩格斯文集》第三卷，北京：人民出版社2009年版，第196页。
③ 《马克思恩格斯文集》第十卷，北京：人民出版社2009年版，第686页。

权等措施损害劳工权益。2018年，法国又爆发了"黄马甲"运动，抗议政府加征燃油税，呈现了一场没有固定诉求和领导者的社会政治运动。2020年，美国警察因暴力执法致非裔美国人乔治·弗洛伊德死亡，再次引发了席卷美国和西方世界的"黑命贵"运动，反映出美国社会种族关系的世代偏见和阶级关系的跃迁鸿沟。2022年，英国最大集装箱港口费利克斯托的工人因劳资纠纷发起罢工运动，争取获得更多加薪以应对创纪录的通货膨胀。资本主义世界此起彼伏、层出不穷的群众性社会运动，是对资本主义制度进行的有力控诉。世界各国共产党和工人党以及左翼力量，也再次认识到了人民群众的历史力量。它们开始加强与各种新兴社会运动的团结与合作，在探索无产阶级国际联合的新形式中树立新形象、发挥新影响，推动世界社会主义运动和世界社会主义运动的新发展。

本章小结

苏东剧变后，国际共产主义运动和世界社会主义运动遭遇严重挫折。但仍有一些社会主义国家顶住了压力，继续探索本国特色的社会主义建设和改革道路，继续推进马克思主义本土化。各国共产党和工人党也没有悲观失望，而是继续探索低潮时期的社会主义革命方式和过渡形式。

　　在苏东剧变之际，朝鲜、越南、老挝、古巴等社会主义国家顶住了资本主义"和平演变"的战略图谋，顶住了政治民主化、经济私有化、思想多元化，以及放弃一党专政、实行多党制等鼓噪，在坚持革新开放政策的同时，也坚持了社会主义方向，坚持了马克思主义的指导和党的领导，从而能够在国际共产主义运动和世界社会主义运动遭遇挫折、处于低潮时顶住压力，推进了马克思主义本土化进程，走出了符合各自国家基本国情和具体实际的社会主义建设和改革道路。

　　资本主义世界的各国共产党也没有放弃斗争，持续探索着适合各国国情的社会主义过渡形式和斗争方式。欧美、日本等发达国家的共产党，以及苏东剧变后遗留下来或重建的共产党，在反对帝国主义、霸权主义，维护劳动人民权益的过程中，重新赢得人民群众的信任，努力在各国议会选举和政治舞台上争取更大的影响力和决策力。亚非拉广大发展中国家的共产党，虽然力量大小不一，理论观点、政策主张、斗争方式等存在差异，同样在积极探索符合各自国家国情和发展阶段的发展道路。一些国家的共产党还通过武装斗争和议会斗争的不同道路，取得了议会多数乃至执政地位，推动着本国社会主义力量的发展。各国共产党积极探索世界共产党和工人党会议、国际共产党人研讨会、纽约左翼论坛、南美洲圣保罗论坛、阿拉伯左翼论坛、中国共产党与世界马克思主义政党论坛等形式，以加强相互交流和相互扶持，推动着无产阶级国际联合的新形式、新格局。

苏东剧变30多年后的实践证明，社会主义国家通过"私有化""民主化""多元化"改革后的改弦更张和民主转型希望破灭。资本主义也没有看到"历史的终结"，它解决不了自身的危机与矛盾，解决不了人类的挑战与困境，世界人民都在探索寻找着资本主义的全球替代方案。在人类的世界历史和全球化发展趋势下，人们开始怀念社会主义制度的优越性，也开始重新思考马克思主义对人类发展和解放的意义。世界社会主义事业在资本主义的危机与混乱中终于走出低谷，迎来了重新奋起的光明前景。

结　语

　　进入20世纪后，人类社会的经济结构和社会生活结构发生重大变化，以电子计算机和信息网络的使用为标志，伴随互联网普及和移动互联技术的发展，引发了世界历史上的"第三次产业革命"，人类社会从此由电气化时代进入了信息化时代。由于人们的日常交往和信息交流更加紧密，促进了社会经济结构和社会生活结构的变化，也由此造成了经济全球化和社会扁平化趋势进一步发展的局面。

　　进入21世纪后，由于"人工智能、大数据、量子信息、生物技术等新一轮科技革命和产业变革正在积聚力量，催生大量新产业、新业态、新模式，给全球发展和人类生产生活带来翻天覆地的变化"[①]。世界历史上的新一轮"产业革命"呼之欲出，人类社会即将由信息化时代进入数字化、智能化时代。世界经济处于新旧动能转换的关键时期，国家之间、区域之间、集团之间的竞

[①]　习近平：《习近平谈治国理政》第三卷，北京：外文出版社2020年版，第444—445页。

争更加激烈，全球产业链体系、国际经济政治秩序和全球治理体系都迎来了新一轮重塑的契机。

在这种新的历史时代和社会背景下，马克思主义和世界社会主义事业要获得发展，必须处理好普遍性和特殊性的关系，把马克思主义基本原理同各国社会主义革命、建设和改革的具体实际结合起来。

马克思和恩格斯曾经对基本原理和具体实际相结合的思想，有过一段经典的表述："不管最近25年来的情况发生了多大的变化，这个《宣言》中所阐述的一般原理整个说来直到现在还是完全正确的"，但是"这些原理的实际运用，正如《宣言》中所说的，随时随地都要以当时的历史条件为转移"[①]。这里面就反映了普遍性和特殊性的辩证统一。

对于资本主义社会形态的分析，马克思是从个别到一般，从特殊性到普遍性的。马克思在《资本论》序言中曾经点明，他所要研究的"是资本主义生产方式以及和它相适应的生产关系和交换关系"[②]。而这种生产方式的典型地点是英国。因此，马克思的研究主要用英国作为例证。但是，"如果德国读者看到英国工农业工人所处的境况而伪善地耸耸肩膀，或者以德国的情况远不是

---

① 《马克思恩格斯文集》第二卷，北京：人民出版社2009年版，第5页。
② 《马克思恩格斯文集》第五卷，北京：人民出版社2009年版，第8页。

那样坏而乐观地自我安慰，那我就要大声地对他说：这正是说的阁下的事情！"因为"问题在于这些规律本身，在于这些以铁的必然性发生作用并且正在实现的趋势"①。可见，在对资本主义社会形态进行分析和把握时，是要把握其一般规律和总体趋势的，否则就会只见树木不见森林。

但另一方面，人类社会的发展变化又是"历史的合力"的结果。在"合力"中的每一个参与因素或隐变量的变化，又都可能产生蝴蝶效应，对一般规律和总体趋势产生或大或小的影响。因此，各国共产党在判断本国的基本国情和发展阶段，推进本国的社会主义革命、建设和改革时，必须将一些全球时代变迁的新变量考虑进去。

比如，人口、资源、环境和气候变化限制了物质生产的无限需求。2022年11月15日，联合国宣布世界人口突破80亿②。联合国发布的《世界人口展望2022》报告显示，世界人口在1950年达到25亿，1987年7月11日达到50亿。据预测，世界人口将在2030年增长至约85亿，在2050年增长至约97亿，到21世纪80年代达到约104亿的峰值③。世界人口的急剧增长将给自然资源和

① 《马克思恩格斯文集》第五卷，北京：人民出版社2009年版，第8页。

② United Nations: Day of Eight Billion, 15 November 2022, https://www.un.org/development/desa/pd/events/day-eight-billion.

③ United Nations: World Population Prospects 2022《联合国：世界人口展望2022》，11 July 2022, https://www.un.org/development/desa/pd/content/World-Population-Prospects-2022.

生态环境带来沉重压力，而地球资源的有限性无法满足人类物质生产的无限需求。科学家关于"平行宇宙"的猜想，希望"在地球之外找到第二个人类得以安身立命的星球。这个愿望什么时候才能实现还是个未知数"。因此到目前为止，"地球是人类唯一赖以生存的家园，珍爱和呵护地球是人类的唯一选择"[①]。这就要求各国共产党在探索社会主义建设道路时，应当考虑单纯发展生产力或唯GDP论的影响和后果。

再如，人类进入现代化社会后，老龄化、少子化、原子化的趋势正在影响社会变革的运动活力。联合国的相关报告显示，世界人口增长率自1950年以来，在2020年首次降至1%以下。而全球65岁及以上年龄人口所占比例预计将从2022年的10%上升至2050年的16%，与12岁以下的儿童数量大致相当。全球人均预期寿命在1990年约为63岁，在2019年约为72.8岁，到2050年将达到约77.2岁。[②]这表明，全球现代化社会都出现了因结婚率和人口增长率下降而带来的老龄化、少子化问题。而年青一代在网络时代，又因为网络社交和元宇宙虚拟生存的生活方式，

---

① 习近平：《习近平谈治国理政》第二卷，北京：外文出版社2017年版，第538页。

② United Nations: World Population Prospects 2022《联合国：世界人口展望2022》，11 July 2022. https://www.un.org/development/desa/pd/content/World-Population-Prospects-2022.

导致社恐和御宅族增多，以至于现代化社会出现了单面人、原子人和无缘社会等后现代问题。这些时代变迁的新变量都改变了人类的社会交往方式，因而影响了对组织性要求较高的社会运动的发动和发展，这就要求各国共产党在探索社会主义建设革命道路和斗争方式时，应当考虑增加青年参与度和社会变革活力的方式和方法。

在世界社会主义国家和各国共产党艰辛探索新形势下的社会主义革命和建设道路的进程中，"科学社会主义在中国的成功，对马克思主义、科学社会主义的意义，对世界社会主义的意义，是十分重大的"[①]。中国共产党探索建设中国特色社会主义的成功，意味着"科学社会主义在二十一世纪的中国焕发出新的蓬勃生机"[②]。一百多年来，中国共产党在坚持把马克思主义基本原理同中国革命、建设、改革和发展的具体实际相结合的历史进程中，针对不同历史时期的重大时代课题和实践问题，都通过不断推进理论创新、进行理论创造，丰富发展了马克思主义的科学社会主义理论。诸如，提出人民至上的价值理念，发展了社会主义本质理论；提出社会主义初级阶段理论和新发展阶段论，发展了

① 习近平：《习近平谈治国理政》第三卷，北京：外文出版社2020年版，第70页。
② 习近平：《习近平著作选读》第一卷，北京：人民出版社2023年版，第13页。

社会主义发展阶段理论；提出改革开放的基本理论、基本路线、基本方略，发展了社会主义发展动力理论；提出中国式现代化的理论体系，发展了社会主义现代化理论；提出贯彻新发展理念、构建新发展格局、推动高质量发展，发展了社会主义发展路径理论；提出坚持和加强党的全面领导、全面从严治党、以自我革命引领社会革命，发展了社会主义执政党建设理论；提出创造人类文明新形态，发展了社会主义文明形态理论；提出构建人类命运共同体、弘扬全人类共同价值，发展了马克思主义关于未来社会的理论，等等。这一系列治国理政的新理念新思想新战略，是马克思主义中国化时代化的创新成果，是对科学社会主义的丰富和发展。

总之，历史大势是不依人的意志为转移的客观规律，人类无法阻止但可以认识、顺应和运用客观历史规律。因此，回顾历史，共产主义是符合马克思主义所预见的世界历史的发展大势；展望未来，人类社会相互交流、联系和依存的发展趋势不可逆转。各国共产党和工人党以及左翼力量，和世界无产阶级和广大劳动群众，通过理论创新和实践探索，通过国际联合和构建人类命运共同体，将为马克思主义所设想的自由人联合体创造条件，最终实现共产主义的远大理想。

参考文献

［1］《马克思恩格斯全集》第二版，北京：人民出版社1995—　年版。

［2］《马克思恩格斯文集》，北京：人民出版社版2009年版。

［3］《马克思恩格斯选集》，北京：人民出版社版2012年版。

［4］《列宁全集》第二版增订版第一至六十卷，北京：人民出版社
　　2017年版。

［5］《列宁选集》，北京：人民出版社版2012年版。

［6］《列宁专题文集》，北京：人民出版社2009年版。

［7］《毛泽东选集》，北京：人民出版社版1991年版。

［8］《毛泽东文集》，北京：人民出版社1993—1999年版。

［9］《邓小平文选》，北京：人民出版社1993—1994年版。

［10］《江泽民文选》，北京：人民出版社2006年版。

［11］《胡锦涛文选》，北京：人民出版社2016年版。

［12］习近平：《习近平著作选读》，北京：人民出版社2023年版。

［13］习近平：《习近平谈治国理政》第一至四卷，北京：外文出
　　版社2017—2022年版。

［14］《中国共产党章程》，北京：人民出版社2022年版。

［15］《中共中央关于党的百年奋斗重大成就和历史经验的决议》，北京：人民出版社2021年版。

［16］王学东主编：《国际共产主义运动历史文献》第五卷，北京：中央编译出版社2011年版。

［17］习近平：《在纪念马克思诞辰200周年大会上的讲话》，北京：人民出版社2018年版。

［18］习近平：《学习马克思主义基本理论是共产党人的必修课》，《求是》2019年第22期。

［19］习近平：《在庆祝中国共产党成立100周年大会上的讲话》，北京：人民出版社2021年版。

［20］习近平：《推动全党学习和掌握历史唯物主义更好认识规律更加能动地推进工作》，《人民日报》2013年12月5日，第1版。

［21］习近平：《坚持运用辩证唯物主义世界观方法论提高解决我国改革发展基本问题本领》，《人民日报》2015年1月25日，第1版。

［22］习近平：《立足我国国情和我国发展实践　发展当代中国马克思主义政治经济学》，《人民日报》2015年11月25日，第1版。

［23］习近平：《高举中国特色社会主义伟大旗帜　为全面建设社
会主义现代化国家而团结奋斗——在中国共产党第二十次全
国代表大会上的报告》，北京：人民出版社2022年版。

［24］全国干部培训教材编审指导委员会编：《马克思列宁主义基
本问题》，北京：人民出版社2002年版。

［25］《国际共产主义运动史》编写组：《国际共产主义运动
史》，北京：人民出版社、高等教育出版社2012年版。

［26］中国人民大学马列主义发展史研究所编：《马克思主义
史》，北京：人民出版社1996年版。

［27］顾海良主编：《马克思主义发展史》，北京：中国人民大学
出版社2009年版。

［28］辛向阳主编：《马克思主义发展史》第一至二卷，北京：中
国社会科学出版社2021年版。

［29］刘佩弦主编：《科学社会主义史纲》，北京：中国人民大学
出版社1984年版。

［30］叶庆丰、白平浩编：《社会主义发展史纲》，北京：中共中
央党校出版社2011年版。

［31］王伟光主编：《社会主义通史》第一至八卷，北京：人民出
版社2011年版。

［32］本书编写组：《社会主义发展简史》，北京：人民出版社、

学习出版社2021年版。

［33］杨春贵主编：《马克思主义与时俱进100例》，北京：中央
党校出版社2003年版。

［34］高哲、温元著，贾建梅主编：《马克思恩格斯要论精选》，
北京：中央编译出版社2001年版。

［35］温济泽主编：《马克思　恩格斯　列宁　斯大林论思想方法
和工作方法》，北京：人民出版社1984年版。

［36］张光明、罗传芳著：《马克思传》，北京：天地出版社2018
年版。

［37］陈林著：《恩格斯传》，北京：天地出版社2018年版。

［38］［英］戴维·麦克莱伦著：《马克思传》，王珍译，北京：
中国人民大学出版社2006年版。

［39］苏共中央马克思列宁主义研究院、中共中央党史和文献研
究院：《列宁年谱》第一至四卷，北京：人民出版社2021
年版。

［40］叶林编译：《列宁生平事业年表》，上海：上海人民出版社
1987年版。

［41］季正矩著：《列宁传》，北京：天地出版社2018年版。